CW00497843

Juan Carlos Muñiz y Raúl Fortín

EL ASADO

Argentinos a la parrilla

EL OJO DE LA CULTURA

© 1999, **Juan Carlos Muñiz y Raúl Fortín**
Diseño de portada: Patricio Vegezzi
Derechos exclusivos de esta edición:
2023, EL OJO DE LA CULTURA
www.catalogoelojo.blogspot.com
elojodelacultura@gmail.com
+44 7425236501

ISBN 979-838-8514-950

A Hernán y Francisco Fortín
A Paula y Leandro Muñiz
Argentinitos del alma

APERITIVO

Una parrilla, un montón de brasas y unas cuantas piezas de carne provenientes de distintos sectores de la anatomía vacuna.

¿Es esto un asado?

No, no lo es. Del mismo modo que el fútbol no se reduce a la simplificación de "22 tipos corriendo detrás de una pelota".

Este complejo, folklórico y fascinante rito, es uno de los más fieles espejos para vernos reflejados los argentinos, mezclando en la parrilla de la vida nuestros resabios indios y nuestro tumultuoso costado inmigrante.

Una buena excusa, en todo caso, para contemplarnos tal cual somos.

El asado desnuda nuestras manías, debilidades y características íntimas, tanto como comunidad cuanto como individuos.

Ya muchos han escrito y pontificado, discurriendo con docta sabiduría sobre los mil y un secretos de esta añeja práctica, especialmente en lo que hace a los vericuetos de su preparación, que, en definitiva, es lo que a nosotros menos nos interesa.

Por lo tanto, huelga aclarar que no abrigamos pretensión de originalidad, ni nos guía el afán de competir con tales catedráticos.

Simplemente tenemos ganas de meter baza en un tema tan caro a nuestros sentimientos y también a nuestro bolsillo (sobre todo si viene con mollejas y carne de exportación).

Nos guía la curiosidad intelectual y un genuino interés en el tema.

Queremos contar a través de nuestra observación cómo vemos, sentimos y degustamos el ritual del asado, esa ceremonia pagana que los argentinos celebramos con particular unción.

Algo que haremos, desde ya, sin escatimar juicios críticos, aun asumiendo el riesgo de incurrir en arbitrariedades y errores.

Porque vamos a poner, como se debe, toda la carne en el asador.

Los Autores.

CAPÍTULO 1

La nerca

TO VACA OR NOT TO VACA

La medicina moderna sostiene por abrumadora unanimidad que comer carnes rojas equivale a suicidarse en cuotas.

En el entramado celular de un trozo de vacío, anida un enemigo solapado: el colesterol. Irreductible sustancia que invade las arterias de tal suerte que el pestífero Riachuelo resulta, en comparación, cristalina fuente de aguas cantarinas y transparentes.

Cual maldición de Malinche, la traicionera vaca, celebrada ingenuamente en sus composiciones escolares por los incautos niños de la Patria, trama contra sus depredadores una siniestra venganza.

Si la ominosa presencia del colesterol se verifica aún en el inocente lomo o en la sosegada nalga, en otros sectores de la anatomía vacuna adquiere proporciones escandalosas.

La irresistible molleja, por ejemplo, o el crocante chinchulín, son poco menos que armas de destrucción masiva.

Por no mencionar a la letal tripa gorda -nitroglicerina pura- que bien podría ser incluida en los tratados de desarme, o a ciertos elementos espurios como el humeante chorizo o la sangrienta morcilla, en los que sin asumir el cien por ciento de la autoría, la vaca pone lo suyo.

Suele afirmar la sabiduría popular que todo lo bueno engorda o mata.

Y en el caso de nuestro animal de cabecera, la vaca, el axioma se cumple con inexorable pulcritud.

La pregunta crucial es, entonces, ¿qué extraño embrujo nos convirtió en consuetudinarios consumidores de ese voluminoso animal, todo forrado de cuero, con unas patas tan largas que le llegan hasta el suelo?

La respuesta, amigo, está mugiendo en el viento.

DE CARNE SOMOS

Es por todos sabido que la geografía condiciona usos y costumbres. Inclusive va más allá, modelando idiosincrasias y pasiones.

Por lo tanto, no sería casual que los nativos de estas pampas -el país de las vacas y el trigo- hayan adoptado como dieta básica la carne acompañada por el pan.

Cultivamos el asado. Pero muchas veces se nos va la mano y nos convertimos en "asado-masoquistas".

La cosa viene de lejos. Algo lógico en un país de distancias tan generosas, donde antaño el único abrigo era el ombú, que antes de convertirse en ropa de trabajo fue un voluminoso arbusto.

Y si Grafa tardó tanto en ser fundada se debe, precisamente, a que entre los criollos primigenios la "cultura del trabajo" no logró fructificar. Eran bastante vagos y mal entretenidos, como cualquiera puede comprobar remitiéndose al preclaro ejemplo del Inodoro Pereyra.

Vagos y mal entretenidos, sí, pero también generosos, según Don Atahualpa Yupanqui, que en sus "Coplas del payador perseguido", sostiene: **"en mis pagos, un asao, no es de nadie y es de todos"**. Aunque sospechamos que sólo enarbolaba la sentenciosa frase cuando no le tocaba garpar a él.

El caso es que a nuestros ancestros les atraía tanto la molicie que en las épocas de la colonia mataban una vaca y por no tomarse el laburo de cuerearla, se limitaban a comerle la lengua. Era aquella una verdadera colonia de vacaciones, pero tiempo completo.

Después vinieron Roca, el progreso y el orden. O las órdenes, para ser más precisos. Y también los frigoríficos. Y las carnicerías. Y los ingleses, aunque no en ese orden.

El caso es que, de aprovechar sólo la lengua de la vaca, se pasó a convertirla en un verdadero puzzle, en el que cada pieza tiene una utilidad. Sin exagerar, hasta la bosta, que no sirve solo para rellenar los chinchulines.

Ya con los fortines, el asado empezó a ser lo que es hoy en día. Y el humito delator fue, con su irresistible perfume, razón más que valedera para que, con la modestia que nos caracteriza, acuñáramos una sentencia fundacional: "en ningún lado se come como acá".

RES NON VERBA, MA SE FICA

La indolente vaca, reina y señora de las vastas llanuras nacionales, se constituyó de entrada nomás en la base de la alimentación argentina.

¿Y qué podía hacer la pobre? Gorda, lenta y sin reflejos, fue presa fácil de la gula criolla.

Sin cornamenta de miura, ni colmillos de lobo, ni garras de tigre, ni patas de gamo, ni rugidos de león, ni armadura de rinoceronte, el animal no tuvo defensa alguna. Ni tan siquiera mal aliento le tocó en suerte a la desdichada, ya que una bestia alimentada a pasto sólo puede emitir inocentes vahos clorofílicos. Y para colmo de males, tuvo la desgracia de ser regordeta y tierna, lo que la torna más que apetecible. No como su pariente cercano, el cebú, un bloque de charque con patas que ha menester una gran enjundia, o mucho hambre, para decidirse a hincarle el diente.

En una palabra, la vaca fue desde el vamos una víctima indefensa. Y se entregó a su suerte sin decir "ni mu", apelando tan sólo a una mirada estúpida que, lejos de conmover a sus predadores, sólo sirvió para exacerbar sus instintos carnívoros.

Con este panorama, no ha de asombrarnos que el asado se convirtiera en la comida definidora del "ser nacional", con toda una carga de símbolos y razones que la justifican y explican.

La carne alimenta, es barata, iguala.

No se puede asegurar que un bacán esté en condiciones de comer mejores asados que los humildes moradores de cualquier barrio o pueblito del interior.

El asado disimula las carencias. Y esto queda patentizado en la generalizada envidia que un humilde asadito de obra provoca entre los opulentos paseantes cuando aspiran sus tentadores efluvios.

El asado es, por si fuera poco, un bastión de argentinidad.

Subsistió sin ayuda de leyes proteccionistas, como las que tuvo alguna vez a su favor la música.

No hubo moda ni invasión foránea capaz de sustituirlo o desplazarlo.

El asado resistió a pie firme los enconados ataques del consumismo y la tilinguería.

No pudieron con él la macrobiótica, los regímenes naturistas, el yoga, el *buffet froid*, ni Freud en su buffete. No lograron suprimirlo la veda, los Pumpers, los Mac Donalds, ni tan siquiera la publicidad, lo que es decir mucho. La deforme jerigonza angloparlante tampoco consiguió meter baza en este coto cerrado.

Ningún término anglófono lo contamina ni le hinca el diente: no existe el "asado party", ni el "churrasco jet", ni el "asafast food".

Jamás pudo ser fabricado un chorizo diet. Aunque últimamente nos es dado asistir, con cierta congoja, a la popularización de ciertos chorizos "veganos", un deleznable sucedáneo hecho a base de vegetales, semillas y vaya a saber qué otros innombrables elementos. Que se encargue el Señor, que todo lo perdona, de disculpar a quienes prohijan semejantes engendros, pues en lo que a nosotros concierne, la condena será eterna.

Pero, dejando de lado estas pequeñas claudi-caciones, promovidas por empresarios inescrupulosos, el asado tiene aguante y permanece fiel a sí mismo desde el fondo de los tiempos.

Ya con esto alcanza para cantar loas a la vaca. Y hasta para perdonarle el colesterol agregado.

FÚTBOL, MATE, TANGO Y ASADO: NUESTROS BIENES RAÍCES

No hay peor tara que el nacionalismo.

Sobre todo cuando se torna jactancioso y necio, cuando cae en la xenofobia y cuando supone, con infantil ingenuidad, que los oriundos de un determinado pago reciben dones divinos sólo por el fortuito hecho de haber sido paridos en ese sitio.

Pero también cabe afirmar, con idéntica convic-ción taxativa, que pocas conductas se zambullen tan hondo en la imbecilidad como aquella que manifiesta tirria por todo lo autóctono.

Execrar el valsecito "Palomita Blanca" por simple prejuicio, sin haber prestado oídos a la maravilla de su melodía y de sus versos, es propio de caídos del catre.

Del mismo modo que prosternarse ante todo lo que lleve adherida una etiqueta de importación, por el sólo hecho de haber sido manufacturado allende los mares, revela una imbecilidad extrema.

Los símbolos que otorgan chapa de argentinidad -aclaremos- lejos están de conferirnos superioridad alguna ante naturales de otros pagos. Son, a lo sumo, un rasgo propio y distintivo, que no nos hace mejores ni peores que los demás.

Pero es imperativo reconocer que existen y que, nos guste o no, son nuestras señas particulares.

Aclarado el punto de vista, resulta interesante echar un vistazo sobre algunas perlas del patrimonio argentino, especialmente en cuanto a lo que las diferencia de nuestro tema central.

Fútbol, mate, tango y asado vendrían a ser los pilares sobre los que se asienta el "ser nacional". O al menos lo que queda de él, (si es que algo queda).

El fútbol nos atrapa de chiquitos.

Todavía en pañales, el varón argentino recibe su primera pelota e inútiles lecciones sobre la forma correcta de pegarle de chanfle. Todos sabemos que la falta de coordinación suele ser un mal irremediable, por lo que, para quien nace patadura, pegarle con tres dedos al balón es más difícil que matar una vaca a pellizcones.

Así, en este terreno, nos marcan de entrada un camino, una dirección en el gusto, incluyendo los colores de un cuadro que, la mayoría, acepta mansamente de por vida. Sobre todo porque si nos resistimos, nuestro viejo puede llegar a echarnos de la casa y desheredarnos. Hay reglas que no se desobedecen así nomás.

El mate se instala en nuestras vidas un poco más tarde.

Salvo honrosas excepciones, suele aparecer en las primeras reuniones de estudio con los compañeros del secundario. Esto en el caso de los más pudientes, ya que los menos afortunados deben incorporarlo mucho antes, como "mata hambre".

El tango viene (si es que llega), bastante después.

Para degustarlo necesitamos de algunos recuerdos, de amores contrariados, de cierta nostalgia por cosas perdidas, de amigos y traiciones, de fracasos y perfumes indelebles. Hay que conocer, en fin, la vergüenza de haber sido y el dolor de ya no ser.

El asado, en cambio, no tiene una etapa marcada de irrupción. Lo disfrutamos desde temprano en el rol de comensales. Pero no es tan fácil animarse a encararlo como asadores.

La chapa de asador no se logra así nomás. Se obtiene más tarde que temprano y generalmente tras unas cuantas experiencias fallidas, que arrojan el penoso resultado de vacíos arrebatados, chorizos carbonizados, costillas resecas y aún tragedias de mayor envergadura.

Una vez dominado su difícil arte, el diploma no se devuelve. No se requiere, para ser asador, una frecuencia regular en este ejercicio.

Y mal podría requerirlo, teniendo en cuenta que resulta imposible llevarlo a cabo sin el concurso de un grupo humano, con todo lo que esto implica en un país como el nuestro, donde reunir a más de dos personas equivale a iniciar un conflicto.

Porque aquí está la gran diferencia que separa al asado de los demás signos de argentinidad: su carácter social. Mientras que el tango, el mate y hasta me atrevería a decir que la pelota pueden disfrutarse en soledad, el asado es una ceremonia gregaria.

Se necesita el calor humano, el amontonamiento y el bullicio, tanto para el ejercicio de la clásica pulla como para la ovación que premia la tarea bien realizada y que, desde luego, justifica el esfuerzo de quien la acomete.

En este sentido, nos da un poco de pena la figura de Dios, que después de deslomarse durante siete días para crear el Universo, no tuvo una barra bullanguera que lo recompensara pidiendo **"¡Un aplauso para el Hacedor!"**.

Por eso, no es posible concebir a un tipo que, estando solo en su casa, diga: "me voy a preparar un asadito". Porque no se trata de una simple comida, advirtámoslo de entrada. Se trata de una ceremonia.

Y su altar es la parrilla.

CAPÍTULO 2

El asador

¿ÁNGEL O DEMONIO?

Durante el transcurso de un asado, desde los preparativos hasta los eructos finales, el Asador es el centro del universo.

Amo y señor, el tipo empuña su estandarte: el atizador de brasas, que ya puede ser una sofisticada pieza de herrería, de bruñido acero y mango de madera o un simple palo de escoba con la punta quemada.

No importa el valor agregado del objeto que el Asador blande. Lo que realmente el hombre tiene en un puño es el destino de los vanos comensales que a su talento y pericia rinden pleitesía, cegados por el brillo arrebatador de un vacío doradito y jugoso o la voluptuosa, untuosa, irresistible tirantez de un chorizo humeante.

El Asador es conciente de su rol. Y ensoberbecido por la suma del poder que detenta, se planta ante la parrilla con gesto altivo y desdeñoso, accediendo con fingido desgano a súplicas como *"un pedacito no muy hecho, por favor"*, o espantando cual molestos moscardones a quienes osan tajear el tentador matambre doblado en dos.

El Asador es quien lleva la voz de mando.

Oponerse a sus designios equivale a enemistarse con el mismísimo Júpiter tonante, ya que un Asador contrariado puede condenarnos a las piezas más infames y peor logradas de su producción.

El hombre lo sabe. Por eso manda. Decide sutilmente qué come cada uno, dónde se debe sentar cada cual en la mesa, aconseja paternalmente al despistado sobre el trozo que está más a punto y cambia de tono con la velocidad del rayo para expulsar a los mercaderes del templo, esos ansiosos o metidos que pretenden invadir sus dominios.

El rol del Asador es realmente estelar. Pero, para asumirlo, hace falta una buena dosis de coraje, ya que en el asado, la gloria y el escarnio están separados por la delgada sombra del hilo de un chorizo.

El Asador, mientras todo ande bien y su producción satisfaga a los comensales, será un héroe. Pero, ¡ay del infeliz que por error propio o jugarreta del destino fracase en su cometido! La desgracia se abatirá sobre el desdichado, privándolo de favores, títulos honoríficos y halagos. La befa cruel se descargará sobre sus agobiadas espaldas y pasará de príncipe a mendigo en menos de lo que canta un gallo. (O brama un toro, para no salirnos del tema).

Si la carne se quema, se pasma o no satisface a los comensales, no habrá explicación posible que tape el descrédito.

Así como el goleador debe meterla adentro y no importa si la pelota vino con efecto o picó mal, el Asador debe culminar con éxito su obra. Caso contrario, será un muerto civil. Un choto. Una piltrafa humana.

No cualquiera porta, en su bagaje de cualidades, la valentía de afrontar esta dualidad del destino que se define vuelta y vuelta como una entraña: héroe o mártir.

Ahora bien, no obstante este factor común que iguala a quienes afrontan el peliagudo desafío de la parrilla, también existen singulares características que los diferencian, como ya veremos.

Porque debemos evitar, amigos, las generalizaciones odiosas: no todos los asadores son iguales.

Digamos que existen cuatro grandes categorías, con sus respectivas taras y manías, de las que nos ocuparemos seguidamente. Y también múltiples rasgos particulares, a los que haremos alusión más adelante.

Estas cuatro categorías, que serán definidas a continuación, excluyen deliberadamente una quinta: el Asador "normal". Y no porque no existan asadores de esta clase, sino porque la gente normal es lo más aburrido que existe y no le interesa a nadie. O por lo menos, no a nosotros, que de normales tenemos poco y nada.

1. EL PROFESIONAL

Ser un asador Profesional no depende, como en otras ocupaciones, de cobrar o no por la tarea.

El profesionalismo es, en este caso, una suerte de título honorífico virtual. La condición de tal no se acredita con diplomas, plaquetas o exámenes.

En torno del individuo que detenta este rango existe una aceptación generalizada de sus dotes y conocimientos, que el hombre reafirma en cada asado a través de un complejo ritual, lleno de pompa y boato.

Por empezar, el asador Profesional es el mejor provisto.

Dispone de un amplio bagaje tecnológico y encara su tarea rodeado de una logística impresionante.

Su parrilla es de generosas dimensiones, está dotada de mecanismos elevadores y posee un tiraje estudiado en forma científica, como si en lugar de humo lo que debiera elevarse fuera un cohete de la serie Apolo.

Este auténtico templete pagano, suele estar enclavado en un sitio preponderante del patio, jardín o terraza, y rodeado de instalaciones auxiliares faraónicas.

No ha de faltar la amplia mesada donde sazonar y preparar las piezas, ni la cómoda pileta para lavar ensaladas, enjuagar vasos y hasta asear la vajilla al final de la velada, dotada de canillas para agua caliente y fría.

El asador Profesional, si usa leña, mantiene una reserva, elegida, seca, estacionada y en cantidad. Si, por el contrario, utiliza carbón, este será de primera calidad, apilado prolijamente en bolsas siempre intactas y sin mácula.

Ni que hablar de los utensilios.

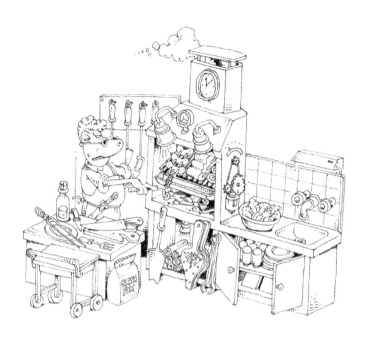

El Profesional los tiene todos. Y si alguno llega a faltar, el hombre arma un escándalo de la gran siete.

Un cuchillo especial, filoso como lengua de comadre, que cuida como si se tratara de la espada Cantarina, guantes de descarne para manipular el carbón, la indispensable chaira de afilar, pinches para los chorizos y las brochettes, tablas de distintos tamaños, pinzas y atizadores, forman parte del arsenal que el hombre requiere para poner manos a la obra.

El asador Profesional suele poseer, además, instrumentos para avivar el fuego, que van desde la simple palmeta hasta fuelles de herrería o ventiladores eléctricos.

Durante el desarrollo de su "masterpiece", el Profesional asume una actitud altiva y jactanciosa. Se planta frente a la parrilla con suficiencia y manipula las piezas con precisión de neurocirujano. Seguro de sí, jamás vacila ante el crucial interrogante de dar o no dar vuelta un chorizo y desestima con aires de tirano toda recomendación o sugerencia que pudieran arrimar ocasionales observadores.

Y cuando -cual general ordenando la carga de su tropa- exclama: *"¡a la mesa!"*, más les vale a sus acólitos obedecer la consigna ipso facto, so pena de ser expulsados del paraíso, como de manera ejemplar lo hiciera el creador con nuestros lejanos abuelos mordedores de frutas prohibidas.

Si aquellos sufrieron lo indecible por haberse perdido una manzana, figúrense ustedes la desazón que podría acarrear el privarse de una parrillada completa.

Los vanos mortales que disfrutan de la magna obra son títeres en sus manos.

Si todo va bien -como generalmente ocurre con obsesivos de esta laya- agradecerá los cumplidos con aire altanero, como restándoles importancia. En cambio, si por esas cosas de la vida el diablo mete la cola y su obra fracasa, el hombre quedará destruido, roto, vencido, humillado.

Porque, para un Profesional, no cabe otro resultado que el éxito. De manera que cualquier imprevisión o error de cálculo que se traduzca en un trozo mal cocido o una pieza arrebatada, significará para él una frustración conducente poco menos que al suicidio.

El Profesional se expresa, como el artista a través del lienzo, mediante la elevada tarea de hacer el asado. Ese es su arte. Aunque al final, como suele ocurrir en otras manifestaciones de la pedestre vida, a las sobras de arte se las coman los perros.

2. EL IMPROVISADO

Hay seres que hacen de la precariedad un estilo de vida.

Son personas que se niegan a hacer las cosas como se debe, sólo porque si las hacen como no se debe, les suelen salir igual, o parecido.

Estos tipos, que parecen haber sido acunados con las estrofas de "A mi manera", eligen una manera peculiar de hacer las cosas. ¿Para qué -se preguntan- voy a ensuciar una pulcra servilleta, si el papel de astrasa que envuelve el sandwich de matambre limpia igual?

Son así en todo. Y cunden, de manera harto frecuente, en el país de "lo atamo' con alambre".

El contratista que rompe una vereda tapa luego el hueco con baldosas distintas al resto, porque, total, son para pisarlas. El pintor que pinta sin amor, deja despintada la pared atrás del ropero para no tomarse el laburo de correrlo, total, no se ve. Las empresas de servicio, no sirven. Los vigilantes, no vigilan. Y las costurreritas, dan el mal paso.

Entonces, ante este cuadro de situación, mal puede pedírsele a un simple y comedido asador que no improvise al desenvolver su tarea.

Sobre todo, teniendo en cuenta que, para esta caterva de individuos, la improvisación es lo que hace más apetecible el resultado.

Pese a que muchos consideran la preparación del asado poco menos que una ciencia exacta, la práctica se empeña en rebatirlos.

Recorriendo el país a lo largo y a lo ancho de su generosa geografía, uno puede encontrarse con multitud de individuos enfáticos, dispuestos a sostener que *"el asa-*

do se hace así".

Pero lo cierto es que hay casi tantos "así" como asadores existen. Por lo tanto, sería absurdo suponer que exista un método perfecto e irrebatible, lo que vendría a legalizar la improvisación como sistema.

El empeñoso catedrático venadense Juan José "Boby" Moore, empero, se halla enfrascado desde hace añares en una empresa titánica: la búsqueda del "asado patrón": un conjunto de normas y preceptos indubitables que, seguidos a pie juntillas, permitirían la obtención de un asado perfecto desde todo punto de vista.

Pese a que juzgamos esta tarea tan fatigosa como la mismísima procura del Santo Grial o el Vellocino de Oro, no pretendemos en absoluto echar tierra sobre el noble y -convengamos- algo terco estudioso.

De cuando en cuando, el longilíneo investigador suele bisbisear ante sus acólitos en mesas de café, enigmáticas frases como: *"estén atentos, la revelación no tardará"*, o: *"el gran día se aproxima"*. Sin embargo y pese a las módicas expectativas generadas, hasta la fecha no ha revelado los detalles de tal receta infalible.

La personalidad del Improvisado sería, en tal caso, la negación fáctica de aquel supuesto molde para hacer las cosas.

El Improvisado es, ante todo, un voluntarioso. Sólo que su desorden mental le impide tomar cualquier tipo de previsión.

Ante el compromiso, sin embargo, trata de hacer las cosas de la mejor manera, sepa o no entenderse con la parrilla.

Acomete la tarea con buen humor, matizándola con chistes. Muestra tanta buena voluntad que, aunque el asado no resulte una maravilla, cosechará alabanzas.

Cuando el Improvisado viene dotado de talento natural, se convierte en una mezcla de abandonado y genio. Porque crea un asado "de la nada".

Ignora y a menudo desprecia los adminículos clásicos como el atizador, la palita o la pinza. Los considera objetos suntuarios, destinados a cajetillas o a pobres mentecatos incapaces de desenvolverse sin el concurso de una sofisticada tecnología.

Sus parrillas suelen ser desastrosos esqueletos desflecados, apoyados sobre tambaleantes ladrillos y cribados de ominosos orificios por donde las achuras se asoman al abismo de las brasas.

El Improvisado asa con lo que tiene a mano: un palito, sus manos (que parecen estar revestidas en amianto) y lo poco que pueda proveer la naturaleza: ramitas secas, papeles extraídos del basurero, restos de carbón rescatados de bolsas semivacías que se han ido acumulando en asados pretéritos y poco más que eso.

A veces, incluso, se ve obligado a pechar brasas al parrillero de al lado. Aunque, en realidad, no se ve obligado sino que para él la mecánica natural es esa.

Jamás de los jamases -demás está decirlo- tiene fósforos.

Pero a pesar de todas estas aparentes carencias, por lo general (cosa e' Mandinga) el Improvisado es talentoso.

Asa bien, saca la carne a punto y se burla de la tecnología. Más bien, la desprecia, como desprecia a todo aquel que -a su juicio- se exceda en preparativos y cuidados.

Pero, ¡atenti!, que el Improvisado suele ser un lobo con piel de cordero.

Finge humildad y campechanía, mas en su interior anida un ser más soberbio que el más obsesivo de los profesionales, ya que su triunfo reside en vencer los obstáculos y ganar los aplausos finales "a pulmón".

Los asadores bien pertrechados le motivan un profundo y altanero desprecio, ya que, como diría el Improvisado: *"así, cualquiera asa".*

3. EL EXAGERADO

En un país de grandes extensiones, diversidad climática y naturaleza generosa, poblado por naturales proclives al desborde, la exageración es moneda corriente.

Y si esta categoría se verifica con harta frecuencia en los más variados ámbitos, mal podría estar ausente en éste, donde suele considerársela una virtud.

El Exagerado no es, entonces, una "rara avis", sino que, por el contrario, cunde cual mala hierba en los múltiples paisajes de nuestro territorio nacional.

Al Exagerado, cuando se trata de hacer un asado, todo le parece poco.

De movida nomás, prepara fuego como para incendiar Cartago.

Y si algún comensal se lo señala en nombre de la sensatez, el tipo replica de modo tajante: *"Vos dejá nomás que haya fuego. Lo jodido sería quedarnos cortos, porque se te entra a enfriar la nerca y ahí te quiero ver."* En tanto, las llamas se elevan hasta el Walhalla y les queman el culo a los atónitos dioses.

El Exagerado utiliza un cuchillo cuyas dimensiones alcanzan (y sobran) como para cortarle las 7 cabezas a la Hidra de Lerma. Porque, como él suele expresar: *"A mí no me vengan con esos cuchillitos pedorros que no cortan un carajo".*

Desde luego, pone carne como para dos batallones. Y siempre, aunque el sentido común se alce en clamor, continúa agregando, porque, claro, el hombre teme quedarse corto. Su frase de cabecera, vociferada a los cuatro vientos, es: *"Y bueno, si sobra algo lo comemos como fiambre".* Pero, hasta como fiambre, sobra.

Si bien la cantidad de vino que se consume en los asados argentinos suele resultar escalofriante, el Exagerado siempre teme matar de sed a los comensales. Por lo tanto, si el aprovisionamiento de vituallas está a su cargo, la cantidad de líquido elemento es, siempre, algo así como la necesaria para regar un campo. (E inundarlo, claro).

Vano será todo intento de indicarle, por ejemplo, que "las mujeres no toman nada". El tipo se mantendrá en sus trece contra viento y marea, dado que -al igual que en el tema carneo- *"lo que sobre no lo vamos a tirar".*

No lo manden a comprar fruta, porque intentará adquirir hasta las góndolas de la frutería. Y lo mismo vale para las ensaladas, el copetín, o las empanaditas que suelen anteceder al plato fuerte.

Cuando el asador es Exagerado, nada puede hacerse. Hay que dejarlo nomás que haga la suya, ya que a los especímenes de este tenor los adorna una convicción digna de predicadores mormones.

Lo terrible, cuando la velada fue pactada "a la canasta", sobreviene a la hora de hacer números. La erogación supera, generalmente, los gastos reservados del Pentágono para la conquista del espacio.

De cualquier manera, al concluir la ingesta y con los comensales ahítos, el Exagerado recorrerá puntualmente la mesa para preguntar con tono preocupado:

"Che, ¿estuvo bien?, ¿ninguno quiere un pedacito más?... si quieren algo pidan, no se me vayan a quedar con hambre".

Y lo único que le podrían pedir los presentes sería moderación. Pero eso sí que sería pedirle peras al olmo, quinotos al mandarino, manzanas a la morera, etc., etc.

4. EL PIJOTERO

Si la mezquindad es un defecto asaz odioso, en el sacro ámbito del asado constituye una lacra francamente execrable.

Cuando el asador es Pijotero, indecibles padecimientos se abaten sobre los circunstanciales concurrentes.

Porque uno puede concurrir a una pizzería y conformarse con dos porciones de muzzarela, pero no va a ir a un asado para obtener medio choricito y un hueso de tira por toda recompensa.

El asado debe ser, por imposición de una ley no escrita, pero indiscutible, el reino de la abundancia. Aunque al día siguiente haya que vivir a sopa, al asado se va a morfar. Y cuando decimos morfar, hablamos de hacerlo a dos carrillos.

Por eso, ¡ay de los comensales que caigan en las garras de este sombrío ejemplar!

Pasarán hambre y sed. Y deberán atiborrarse de pan para mitigar la ausencia de otras sustancias proteicas.

El Pijotero pijotea todo: fuego, carne, chorizos, ensalada y hasta sal, elemento que, aunque los cardiólogos se empeñen en prohibirlo, no debe faltar en la vida.

Su temor a tirar es desproporcionado. El tipo parece estar animado por la convicción de que, si algo sobra, un castigo divino se abatirá sobre los voluptuosos comensales.

Su frase de cabecera es: *"¡No che, no lo pongas, va a sobrar y sería un pecado!".*

En su afán por ahorrar, pone en práctica ladinos procedimientos, como el de servir un choricito envuelto en un gran marroco y "cerrar" la parrilla durante los 45 minutos siguientes. Haciendo gala de un horrible cinismo, confesará a un ladero de confianza: *"Ahora un cachito de carne y listo, ya se llenaron de pan"*.

El Pijotero es temible cuando invita, desde luego. Medirá con regla avara el potencial consumo y comprará dosis homeopáticas de alimentos.

Apostrofado por ocasionales testigos de su mezquino proceder, esgrimirá falaces teorías, apoyadas en más que improbables estadísticas: *"Ustedes comen con los ojos, macho!... con 200 gramos por persona alcanza y sobra, eso está calculado. Fijate que hay varios chicos, comen medio choripán y están llenos. Y además están las minas, que se la pasan a dieta. Acordate de lo que te digo: va a sobrar"*.

Desde luego que su predicción jamás se cumple. Los comensales se comen hasta el hilo de los chorizos y golpean la mesa con furia, exigiendo más.

Entonces el Pijotero se indigna: *"¡Eh, viejo!, ¿pero cuánto hace que no morfan, ustedes? ¡Paren la mano, van a reventar!"*.

Pero lo peor del caso es que esta auténtica rata de albañal no ejerce su enfermante tara sólo cuando le toca oblar.

Su obsesión trasciende esta esfera y se descarga también sobre el prójimo.

Cuando asa otro, el Pijotero ronda la parrilla como un molesto moscardón, impartiendo "sensatos" consejos que nadie le ha solicitado.

Cuando ve que alguien se prepara para agregar más carne, o achuras, o lo que sea, indefectiblemente prodiga sus quejas lastimeras: *"¡Nooo, parááá, no lo vamos a comer!, yo sé lo que te digo, mejor guardalo en el freezer y lo hacemos otro día..."*.

Y así anda por la vida este infame individuo, despertando encontrados sentimientos de desprecio, odio y resentimiento.

Por eso amigos, cuando un Pijotero ronde vuestra parrilla, haced un bien a la humanidad y degolladlo. Pero, por sobre todas las cosas, jamás oseis arrimaros a la parrilla suya. Pasareis horribles privaciones.

CAPÍTULO 3

El entorno del asador

LOS CABALLEROS DE LA TABLA RECTANGULAR

Así como detrás de todo gran hombre, hay una gran mujer (según se empeñan en convencernos ellas), detrás de todo asador (cualquiera sea su envergadura), hay una fauna perfectamente identificable que pulula en los alrededores de la parrilla.

El entorno de marras está compuesto por especímenes de variopinto comportamiento, que cumplen religiosamente con una sacrosanta misión: hincharle las pelotas al parrillero.

Este núcleo zumbón y dicharachero desempeña roles perfectamente establecidos, según veremos, que van desde el apoyo logístico imprescindible hasta el boicot sistemático de las nobles tareas que el parrillero desempeña.

La parrilla, en ese sentido, resulta un imán irresistible.

Quién sabe por qué añeja tara de la especie humana, el crepitante fuego sigue ejerciendo, aún en estos tiempos de tecnología cibernética, una oscura seducción para la horda babeante.

En los lejanos umbrales del Pleistoceno, algo así como un millón y medio de años antes del macrismo, nuestros lejanos abuelos -que por entonces lucían el vistoso apelativo de "homo erectus"- ya se congregaban al amor de la lumbre, fascinados por las viboreantes llamaradas.

Hoy, que para seguir siendo "erectus" necesitamos la inestimable colaboración del Viagra, entre otras mágicas pociones, las cosas no han cambiado demasiado.

Los machos de la especie seguimos cazando, aunque enfrentamos ahora a bestias mucho más poderosas que el Tiranosaurio Rex, como -por mencionar sólo algunas- la DGI, el Fondo Monetario y la flexibilización laboral.

Como puede advertirse fácilmente, la vida continúa llena de acechanzas y volver a la caverna cada noche presupone una aventura previa ciertamente riesgosa.

De manera que, ante el acogedor braserío, los sufridos habitantes del tercer milenio seguimos experimentando una frágil sensación de seguridad.

Toda esta poesía barata tiene como único y modesto objetivo oficiar de introito para el estudio detallado del entorno aludido unas líneas más arriba.

A ello nos abocaremos seguidamente, con la esperanza de no ofender a más gente de la debida. Pero ofendiendo, con total convicción, a quien lo merece.

EL ASISTENTE

Este auténtico monaguillo laico es la sombra del asador. Personaje humilde y sacrificado, permanece en un respetuoso segundo plano y se limita a obedecer órdenes, sumiso y diligente.

Su aporte se circunscribe, desde luego, a la realización de las tareas más viles, como acarrear leña, recorrer con paciencia de monje tibetano los alrededores en busca de palitos y ramitas secas, hacer mandados de poca monta y proveer, en fin, todo lo que el mandamás exige.

El Asistente es -digámoslo sin ambages- un individuo despreciable, aunque es forzoso reconocer que resulta útil.

Cumple un rol secundario, obedeciendo sin chistar hasta los mínimos caprichos de su "jefe", en pos de relevarlo de aquellas cuestiones oscuras, triviales, esas que nunca nadie reconoce.

Desde luego que el asador no le delegará ni por asomo una misión que pueda, de una u otra manera, opacar su rol estelar. La gloria es una parcela demasiado pequeña como para compartirla con alguien que, para colmo, no dará lucha por obtenerla.

El Asistente posee generalmente los conocimientos necesarios para ser protagonista, pero su escasa presencia de ánimo y su terror cerval al fracaso lo hacen elegir voluntariamente el papel de actor de reparto. Porque carece de los cojones necesarios para asumir el riesgo y jugarse por ser quien lleve el mando.

Un Asistente genuino nunca cuestiona la indicación recibida. Obedece cada encargo prestamente, aunque se trate de tareas que no guardan conexión directa con el tema principal: ir a comprar cigarrillos, buscar lo que el asador se olvidó en el auto o realizar alcahueterías tales como avisar al mujerío que ya es hora de condimentar las ensaladas.

El Asistente rondará al amo, genuflexo y solícito, cuidando que no le falte vino en el vaso, ensuciándose las manos para elegir los carbones grandes, trayendo y llevando, lavando utensilios o apantallando el fuego cuando se lo ordenan.

Eso sí, a la hora de los aplausos se enrojecerá las palmas premiando a su guía y jefe supremo.

Como un molesto moscardón, zumba en torno a la parrilla, preguntando de rato en rato: *"¿todo bien?, ¿hace falta algo?"*. Incluso, su despreciable zalamería lo lleva a prorrumpir en permanentes elogios hacia la obra de su admirado patrón: *"¡Cómo está saliendo ese vacío!, ¿no?"... "¡qué rico olorcito!"... "¡Estos son asados!"*, son algunas de las almibaradas frases con que suele aderezar el ego del asador.

El Asistente es lo que se dice "un mal necesario". No falta en ningún asado y es muy fácil de identificar por su aspecto servil y su laboriosidad de hormiga.

Porque en esta noble actividad, tal como ocurre en otros terrenos, tampoco faltan los idiotas útiles.

EL MIRÓN

Ya nos hemos referido de modo general a la fascinación que el fuego ejerce sobre los seres humanos desde remotos tiempos.

Pero a nadie embelesa tanto como al Mirón. Una categoría aparte.

Embrujado por el fuego, el Mirón es de esos individuos que sienten una atracción irresistible por la flama.

Por eso, ni bien llega al teatro de operaciones, el tipo se encamina rectamente hacia la parrilla, elige una ubicación privilegiada y de ahí no lo mueven ni a cañonazos.

En general permanece callado e inmóvil, con los ojos fijos en la brasa, como hipnotizado. O contempla con veneración tanto al dorado chorizo como al jugoso vacío. Pero el verdadero objeto de su deseo es el braserío.

La masa ígnea lo atrapa como a una liebre encandilada por linterna. Y ahí se queda el hombre, sin pestañear, sumido quién sabe en qué hondas cavilaciones. A lo sumo, de vez en cuando, se atreve a elogiar una pieza, ya por lo apetitosa, ya por lo humeante. Pero, en definitiva, el rol del mirón es observar.

Cabría afirmar, sin temor a caer en excesos, que el Mirón podría tranquilamente quedarse sin comer y darse por bien pago con el espectáculo de los maderos crepitantes, el carbón al rojo y el chisporroteo que se eleva por los aires.

El mágico teatro de la parrilla lo atrapa con sutiles lazos y el hombre ahí se queda, absorto, con su vasito de vino en la mano, dando sorbitos espaciados y permaneciendo el resto del tiempo en estado catatónico.

En el colmo del paroxismo, a lo sumo, puede llegar a vertir una lacónica frase: *"¡Lindo fueguito!, ¿no?"*.

Y no le pidan más, porque el hombre no ha venido al asado a conversar, ni tan siquiera a comer. Él vino a ver.

EL METIDO

El enemigo número uno del asador argentino es, sin duda alguna, el Metido.

Execrable individuo, desubicado y molesto, que ronda a los asadores prodigándose en consejos e indicaciones que nadie le ha solicitado.

Como bien afirma el dicho, no hay que meterse donde a uno no lo llaman. Pero estos seres lamentables ignoran por completo el aserto.

El Metido se acerca al parrillero fingiendo intenciones amigables, con una mano en el bolsillo y la otra sosteniendo el pucho o un vaso. Rompe el fuego gastando chascarrillos o haciendo comentarios sobre fútbol, política o cualquier otro tópico, que bien puede versar sobre el cultivo de begonias o la filosofía Zen, lo mismo da.

Porque, en realidad, su fingida simpatía es sólo una pantalla para tapar la aviesa intención de entrometerse en la tarea ajena.

A veces, con la excusa de arrimar un vermouth o un vinillo, el Metido sienta sus reales a espaldas del asador, rompiendo el fuego con una pregunta aparentemente trivial: *"¿Y... cómo va ese asadito?"*.

Más vale no responderle, ni tan siquiera aparentar que hubo registro de su presencia, pues cualquier manifestación será tomada por el Metido como la anuencia para el despliegue de sus nefastas intenciones.

De manera que, cuando el asador siente resonar en sus oídos la primera sugerencia, más le vale darse por perdido, ya que ese será sólo el comienzo de una interminable batería de consejos vertidos con tono doctoral.

El Metido siempre, pero siempre, tiene algo que sugerir, criticar o lisa y llanamente ordenar. Aunque esté en presencia del mismísimo campeón mundial de los asadores.

Para él, de nada vale la baquía probada en mil y un asados multitudinarios.

Puede ya el parrillero haberse ganado la vida durante años con el ejercicio de esa tarea, que no bastará para impedir las correcciones y enseñanzas de este indeseable consejero vocacional.

En cuanto le dieron confianza (o cuando él interpreta que la ha ganado), el Metido se mete: *"Quitale brasa a los chorizos", "Dejá quieta esa tira", "Yo levantaría un poco esa parrilla", "Prepará más brasa que te vas a quedar corto", "¡Nooo, no sales con gruesa!", "¡Tapalo, tapalo para que no se pasme!", etc., etc., etc., etc., etc...*

Cuando el asador tiene los sacos escrotales tan tirantes como la piel de un chorizo, suele estallar: *"Pero, decime, ya que hinchás tanto las pelotas, ¿por qué no lo hacés vos?".* A lo que el Metido, invariablemente, responderá mostrando la palma de la mano, como atajándose: *"¡Nooo, de ninguna manera, siga usted, siga usted que va bien!".*

Y a uno le queda flotando la eterna pregunta sin respuesta: y entonces, ¿para qué carajo se mete?

EL LADRÓN DE GLORIA

En su opúsculo intitulado "Las mil y una argucias para la apropiación del mérito ajeno", el célebre tratadista venadense Boby Moore define a esta singular categoría de individuo como: **"...vulgar trapacero que, medrando con la buena fe del prójimo, acarrea agua para su molino a expensas de una conducta rapaz que le posibilita granjearse halagos, plácemes y pleitesías sin ameritarlo por esfuerzo propio"**.

Ignoramos si la justa cólera de Moore tuvo su germen iniciático en el ámbito del criollo manjar que nos ocupa, pero viene, no obstante, como anillo al dedo para calificar a este especimen infaltable en la fauna asadística.

El Ladrón de Gloria es el granuja que en determinado momento se acerca solapadamente al parrillero y le desliza una sugerencia de cualquier índole.

Si esta es aceptada por el asador, el incalificable sujeto se atribuirá inexorablemente la totalidad del mérito en caso de que el asado sea un éxito. Cualquiera sea su aporte, será motivo suficiente para que el "Ladrón" cacaree y se pavonee: *"Che, cualquier duda que tengan, pregunten, yo les enseño"*.

El antídoto más eficaz ante esta clase de sujetos es ignorar por completo sus consejos o sugerencias, por atinados que sean. Mil veces preferible es refugiarse en la necedad a tener que soportarlo ulteriormente, ufanándose a los cuatro vientos por su inestimable aporte. Es menester despreciar incluso aquellos consejos sanos y atinados, ya que es harto conveniente soportar el escarnio ante una ristra de chorizos quemados que concederle al tipo una oportunidad de ensoberbecerse ante el prójimo por su oportuna intervención.

El problema reside en que el Ladrón de gloria suele proceder con sutil disimulo, lo cual dificulta su detección precoz.

Sus tácticas sibilinas obligan al asador a permanecer en estado de alerta, pues cualquier indicación proveniente del entorno, por mínima que fuere, podría provenir de un Ladrón de gloria al acecho.

El muy miserable se apersona distraídamente, como si estuviera en otra cosa y entornando los ojos, lanza sus sugerencias con un estudiado tono de humildad: *"Che, ¿no te parece que habría que preparar un poquito más de fuego?"*.

Bastará que su mísero aporte sea aceptado para que se transforme ipso facto en un energúmeno que recorrerá el área golpeándose el pecho y proclamando a viva voz: *"Si no fuera por mí, estarían comiendo ensalada"*.

Boby Moore sugiere, en el capítulo XVIII ("Condignos Escarmientos") de su magna obra, diversas represalias para castigar tan nefasto proceder, como el empalado en plaza pública, cercenado de lengua y testículos o destierro perpetuo.

Sin dejar de comprender (y hasta justificar) la vehemencia del tratadista, pensamos que con dejarlo sin comer, alcanza.

Pero algo hay que hacer para evitar que un mequetrefe cualquiera se quede con los aplausos después que uno ha puesto toda su ciencia y esfuerzo para satisfacer a los distinguidos contertulios.

CAPÍTULO 4

Manos a la obra

LOS CAZADORES DE LA NERCA PERDIDA

Para todo asador que se precie, la elección de la carne constituye una instancia clave en función del éxito o al fracaso ulterior. Por lo tanto, deviene en una tarea prácticamente indelegable, o que sólo se puede asignar a un experto y probado capitán de tormentas, quemado por las salpicaduras de mil traicioneros chorizos y conocedor profundo de la anatomía vacuna.

En cualquier caso, para un asador, depositar en otro la grave responsabilidad de elegir la mercadería equivale a confiar en un amigo del alma el cuidado de los hijos ante su propio e inminente deceso.

Sea como fuere y elija quien elija la materia prima, es de ley reconocer que el mejor asado es el que comemos cuando tenemos más hambre. Lo cual no implica negar la existencia de asados buenos, regulares y malos.

Y llegados a este punto, nos resulta inevitable caer en una afirmación rotunda: **lo fundamental es la carne.**

55

No vamos a negar así, de un plumazo, los méritos de expertos asadores, verdaderos artistas en lo suyo. Pero es menester admitir que aún el orfebre más diestro e inspirado, poco puede hacer ante una materia prima dura y grasienta, extraída de un vacuno cuya edad sólo puede ser determinada mediante la prueba del Carbono 14.

En cambio, aún el más chambón de los aprendices puede llegar a obtener resultados apetecibles si cuenta con el concurso de la suerte y de la mejor carne de ternera.

La antinomia calidad-costo, es tema que da pie a un eterno debate entre los varones argentinos. El asador que más sabiamente logre equilibrar esta ecuación será merecedor de los más encendidos elogios. Y existe una ley no escrita, según la cual es de pícaros preparar un asado que halague el paladar sin maltratar el bolsillo.

Lograr un éxito utilizando carne de exportación, envasada al vacío, de primera selección y precio astronómico, no implica mérito alguno.

En cambio, obtener la aprobación de los comensales habiendo conseguido carne de bajo precio resulta una ecuación altamente valorada.

Recomendarse mutuamente carnicerías es un lugar común entre los que presumen de expertos. Como también lo es el inveterado rito de desmerecer la compra ajena: *"¿Cuánto pagaste el kilo de esta porquería? Mirá, yo por la mitad te traigo una nerca de primera"*. Es que cada varón argentino considera haber descubierto el carnicero ideal. El que le vende los mejores cortes, le consigue achuras imposibles, tiene siempre animales jóvenes y tiernos, jamás lo hace clavar con lo que lleva y, como si esto fuera poco, le cobra barato. Se trata -según sus clientes- de un comerciante noble, pues prefiere perder una venta antes que desprestigiar su mercadería.

Por lo tanto, ese honesto trabajador, suele advertir a su cliente-amigo: *"No, dejá, esto no lo lleves, no está como a vos te gusta"*.

Hay, empero, lugar para la teoría del dinero bien invertido. Quienes la sustentan, se amparan en un latiguillo incontestable: *"yo prefiero pagar más antes que tener que tirar la mitad"*.

Cualquiera sea la postura, las decisiones que se toman frente al mostrador de la carnicería implican los siguientes tópicos: el ancho de las costillas, (cuanto más ancha mejor, ya que usar tira cortada fina es de chambones), el color de la grasa, (debe ser blanca, ya que grasa amarilla delata la senectud del animal), lo parejo de la carne (que no vaya de mayor a menor), el lugar del costillar donde se debe cortar la tira y otros temas no menos apasionantes.

Así, en esos auténticos templetes paganos conocidos popularmente como carnicerías, oír se dejan alocuciones de este tenor: *"Esto no, che, se va para el lado de la falda"*, *"El mejor asado es el del medio"*, o *"No, dejá, este vacío es pura grasa"*.

Circulan también eternas versiones acerca de la existencia de fantásticos frigoríficos, situados indefectiblemente en parajes remotos, que venden al público carne de exportación a precios irrisorios. *("Claro, tenés que ir a las 5 de la mañana, porque si no llegás y no encontrás ni huesos")*.

Y en cada encuentro parrillero se programa invariablemente hacer una excursión en busca de este moderno "Eldorado", para comer, por fin, el mejor asado de nuestras vidas. Una promesa que, en un país de eternas promesas incumplidas, también invariablemente quedará en el olvido.

GRACIAS POR EL FUEGO

Fuente de vida y energía, fragua de irresistibles costillares y mantecosos vacíos, el fuego es la piedra angular del asado.

Y si bien un fuego se parece siempre a otro fuego, existen marcadas diferencias a la hora de encenderlo.

Los asadores argentinos debaten con enjundia desde el principio de los tiempos acerca del procedimiento más idóneo para hacer crecer las llamas.

Desde la improvisada chimenea, fabricada con una lata sin tapa ni fondo, hasta los bollos de papel con palitos finos formando una especie de carpa india, el ingenio criollo -tan celebrado por los acérrimos defensores del ser nacional- hace posible encontrar un sinnúmero de formas y figuras.

Los paisanos más advertidos suelen recurrir al pancito mojado en kerosene, al bollo de papel con grasa en el medio, al cajón de fruta con bolsa de carbón adentro y papel abajo, o al laborioso rectángulo hecho con madera, papel en el medio, más maderas a modo de techo y el carbón arriba. Una construcción tan bonita, esta última, que da lástima prenderla fuego.

PANCITO MOJADO
CON QUEROSÉN

ESPECIE DE PIRÁMIDE
DE TUBOS DE PAPEL
ARROLLADO

LUEGO SE PONE
EL CARBÓN
POR AFUERA

GARRAFA CON
PARRILLITA
CON CARBÓN
ARRIBA

Los asadores impacientes se suelen armar de ventilador para avivar las llamas, mientras que, en los talleres, la práctica muchachada hecha mano al soplete de soldador, un recurso francamente expeditivo y poco romántico.

Existen, por cierto, métodos deleznables, denostados por los puristas, como arrojar kerosene arriba de la pila de leña o carbón, o algún otro tipo de solvente inflamable.

Incluso, ciertos gringos papanatas echan mano al espantoso engendro que resulta de colocar la parrillita con el carbón encima sobre una garrafa dotada de hornalla.

Algunas marcas de carbón de alto precio -inclusive- incorporan una sospechosa pastilla que, gracias al concurso de artilugios químicos, proporciona una ignición rápida y efectiva, aunque la escuela clásica inscribe el sistema dentro de la categoría de procedimientos vergonzantes.

El buen asador se inclina siempre por aquellas técnicas que no requieren de combustibles espurios. Y hasta existen individuos jactanciosos que presumen de prescindir hasta del papel.

PANCITO MOJADO CON QUEROSÉN

ESPECIE DE PIRÁMIDE DE TUBOS DE PAPEL ARROLLADO

LUEGO SE PONE EL CARBÓN POR AFUERA

GARRAFA CON PARRILLITA CON CARBÓN ARRIBA

El científico y catedrático venadense Boby Moore afirmó en cierta oportunidad ser capaz de encender fuego sin recurrir a fósforos, encendedores o cualquier otro elemento ignífugo, valiéndose sólo de su poder mental. Tal afirmación provocó el admirado estupor de sus circunstanciales apóstoles. Sin embargo, tal vez por haber lanzado el aserto en medio de copiosas ingestas alcohólicas, hay quienes se permiten dudar sobre la veracidad de sus dichos.

EL DELEZNABLE MÉTODO DEL MOJADO CON QUEROSÉN

LAS MANOS EN LA MESA

El asado se puede comer de pie y con un cuchillo por única herramienta, pero no es lo usual.

Casi siempre hay una mesa. Y cuánto más rústica mejor, porque así no hay que andar con remilgos para cortar el pan o cuidándose de derramar vino.

Los tablones montados sobre caballetes y el mantel de papel constituyen la idea platónica de una mesa de asado.

Cuando el mantel es de tela y el festín se desarrolla al aire libre, un ingenioso recurso para evitar que se vuele consiste en atarle contrapesos por medio de hilos, o anudar las puntas por debajo de las tablas. Cuando se utiliza papel, en cambio, lo ideal es pegarlo con chinches.

Gente inexperta pretende a menudo fijarlo con cinta adhesiva, pero esta se despega a cada rato, obligando a nuevas e interminables pegatinas, que van llenando el papel de flecos transparentes, harto antiestéticos.

Los precavidos saben colocar como parte de la vajilla una fuente o ensaladera destinada a las sobras. El adminículo resulta útil, salvo cuando el chambón de turno se confunde de recipiente y llena de porquerías la fuente que contiene piezas intactas, ante la rechifla y las befas de los contertulios.

No ha de faltar tampoco la reyerta entre los poseedores de canes, que se disputarán la clásica bolsita de sobras, ni la proverbial intervención del pícaro que se permitirá poner en duda el destino final de las viandas: *"¡Andá, qué va a ser para el perro, todo eso te lo comés vos mañana!"*.

Y ya que mencionamos episodios infaltables, no podemos dejar de citar el enchastre que se produce cuando alguien desea impedir que le sirvan más vino y tapa el vaso con la mano. El que sirve, por lo general, está algo beodo y trata de inducir al resto para que lo acompañen en su derrotero alcohólico, por lo tanto no advierte que el vaso está tapado y suelta el chorro. Consecuencia: la mesa hecha un mar de vino y todos salpicados, puteando a los protagonistas del lamentable episodio.

Por último, tampoco podemos olvidar en este ítem al olvidadizo de turno que en un asado a la canasta cae sin vaso, plato ni cubiertos y molesta a los demás pidiéndoles a cada rato el cuchillo, les bebe de su vaso o pretende compartir tablita.

Si en el asado, como dijimos, la parrilla es un altar, la mesa es un templo.

Y suele estar repleto de mercaderes.

A MI MANEEERAAA

Cuando la carne llega al plato, si es tierna y está bien cocida, poco nos cuenta de su pasado parrillero. O, para decirlo mejor, nada nos importa a quienes la degustamos cómo se las arregló el asador para lograr ese resultado.

Pero, antes, hubo otra historia, ya que existen múltiples formas de prepararla. Y cada parrillero defiende su estilo a capa y espada.

Una clasificación que no se pretende taxativa, podría incluir las variantes que a renglón seguido se enuncian.

Asado tapado:

Para evitar que el asado se pasme (o sea, prometedor por fuera pero el Mar Rojo por dentro), algunos lo tapan.

Los cultores de esta modalidad sostienen que, al existir un elemento refractario, la cocción interna de la carne es más pareja y segura.

Es clásico el uso de papeles de diario, aunque algunos exquisitos suelen utilizar papel madera y hasta metalizado, lo cual es condenable desde todo punto de vista. El uso de esta clase de materiales convierte al recio manjar en una mariconería más propia de delicados modistos que de curtidos muchachones.

Sin embargo, esta modalidad es perfectamente lícita los días ventosos o cuando la brasa escasea y hay que ingeniárselas para obtener el máximo de poder calórico.

De cualquier manera, por útil y necesario que sea el recurso, en el fondo arruina una parte importante del encanto que el asado posee, ya que veda sus humeantes atractivos a la mirada golosa de los comensales. Si se tratara tan sólo de comer, pues nos mandaríamos un par de frascos de vitaminas como las que ingieren los astronautas y sanseacabó.

El asado se morfa a mandíbula batiente. Pero también se come con los ojos.

Salado con gruesa:

El asado, históricamente, se ha salado con gruesa, dejen de joder.

Así fue desde el comienzo de los tiempos y así debe ser.

No vengan a estorbar con moliendas extrañas del vital elemento.

Un buen cacho de vacío con las brillantes piedritas derritiéndose encima es como contemplar un fresco del país que alguna vez creímos tener, con música de zambas y todo.

Sin embargo, este clásico, lenta pero inexorablemente va cediendo su hegemonía -tecnología mediante- a la sal parrillera.

Esta sofisticada variante accedió a las carnes argentinas allá por los 80 y desde sus primeras incursiones en los hogares patricios fue ganando terreno en parrillas de menor ralea, al punto que, hoy por hoy, resulta casi una rareza encontrar un paquete de la clásica sal gruesa al costado de la parrilla.

Nadie hará una manifestación, ni mucho menos una huelga de hambre para protestar por la situación. Pero así es que nos van escamoteando, poco a poco y con sutiles artimañas, los rasgos distintivos de nuestra vapuleada argentinidad. *What a pity!* (*)

(*) <u>Nota del Traductor</u>: "¡Qué pena!".

Salado con fina:

Como bien afirma el dicho: hay gente pa' todo.

Por lo tanto, mal podría sorprendernos la existencia de individuos que utilizan sal fina para sazonar el asado.

Quienes así proceden, abonan su postura con un frágil argumento: la salazón es más pareja y se evita caer en excesos.

A lo que uno se pregunta: ¿por qué carámbanos va a comer entonces un asado alguien que elige la moderación como modo de vida? Para eso, que se coma una zanahoria, se vaya a dormir temprano y se deje de hinchar las pelotas.

Cierta escuela pampeana, defendida a capa y espada por el dudoso baqueano **Fernando De Giovanni**, postula la temeraria teoría de que se no sólo se debe salar con fina, sino que, además, conviene aplicar el condimento recién al dar vuelta la pieza. Lo que depara, fatalmente, carnes completamente sosas, como han tenido ocasión de comprobar en innúmeras ocasiones los comensales de Villa La Ñata, donde De Giovanni insistió durante años en demostrar sus asertos en la práctica.

Para probar, empero, que este comentario no ha sido dictado por la mala intención, cabe reconocerle que la modalidad es muy beneficiosa para la presión.

Debe ser por eso que, en los hospitales, el asado rara vez forma parte del menú.

Salado con salmuera:

Esta mezcla de sal fina y agua tibia, con algunos agregados de especias o aromatizantes, suele ser utilizada por gringos caídos del catre.

Quienes cultivan la variante sostienen que la carne absorbe sólo lo que necesita por cuanto en el resultado final la salazón es la adecuada.

No sólo no nos consta la veracidad de tan temeraria aseveración, sino que la lógica más elemental indica que la carne de un animal muerto no está en condiciones de determinar lo que necesita o deja de necesitar. ¿O acaso el vacío piensa?

Imaginemos a un costillar deliberando en pleno proceso de cocción parrillera: *"Che, paremos con la sal que ya está bien",* alega una costilla, a lo que la de la otra punta replica: *"No, vieja, hasta acá no llegó, sigamos chupando un poco".*

Además, si la vaca no se cuida nada mientras está viva, mirá que va a andar fijándose cuando ya la degollaron.

O sea que, en conclusión, ¡minga de salmuera!

Porque, ya se sabe que no hay nada más sano que la comida de enfermos. Ni nada menos sabroso.

El asado espurio:

Convengamos previamente que el mejor camino para determinar lo espurio es delimitar antes lo genuino.

Y, como en toda materia opinable, hay posturas encontradas también en este terreno. De modo que calificaremos de "genuino" a aquello que goce de mayor arraigo entre las mayorías, por equivocada que la masa sudorosa pueda llegar a estar.

Delimitada caprichosamente esta cuestión, diremos que el asado espurio sería aquel que incorpora aditamentos, antes, durante o después de la cocción, como chimichurri, ajo, mayonesa, alioli y hasta mostaza.

Los afiliados al centro tradicionalista **"Argentinos hasta el caracú"**, emitieron una proclama allá por agosto del 56, en la cual prometían *"achurar a los sotretas y juehienas que le agreguen charamuscas al asado"*. Pero la amenaza, gracias a Tata Dios no se llegó a concretar, al menos según consta en nuestros modestos archivos.

Añadiremos no obstante -con no poco temor de que alguno de los mencionados tradicionalistas persista en su empeño- que a veces una pizca de chimichurri bien pulsado no le viene nada mal a una tapa jugosa.

Sea como fuere, resulta indiscutible que el complemento ide-al del asado es una buena ensalada. Mixta, para ser más precisos, ya que la celestial combinación de lechuga, tomate y cebolla se lleva las palmas.

No es posible desdeñar, empero, la noble radicheta, más conocida en el interior por su mote de "ensalada amarga", que con el agregado de ajo se convierte en un manjar para audaces. Cierto es que resulta difícil tras su ingesta materializar cualquier intención de andar besando gente, dado que los efluvios marcan una zona de exclusión más que generosa. Sin embargo, la radicheta con ajo amerita que las efusiones cariñosas se reserven para otro momento.

Hasta ahí, es posible acompañar la carne sin que los tradicionalistas se lleven la mano al cinto. Pero los innovadores -que nunca faltan- no se conforman. Por lo tanto incurren en sofisticadas creaciones, como las papas hervidas con mayonesa, que suelen aderezarse con perejil picado; la remolacha con ajo; las berenjenas asadas y luego convertidas en puré, que pueden sazonarse con ají molido, orégano, sal y ajo, son algunas de las variantes que -para bien o para mal- acompañan el asado.

Finalmente, en el colmo de la sofisticación, puede mencionarse la mixtura de berenjenas, cebollas y morrones asados, cortados en juliana y condimentados.

Combinaciones harto más complicadas pueden aguardarse siempre, ya que el ser humano suele empeñarse en desafiar los límites. A veces, llegando incluso al colmo de que alguien pretenda sumar como ingrediente al ananá. Pero eso ya no sería una ensalada: sería una porquería.

Y al que opine lo contrario lo denunciaremos sin vacilar al precitado centro tradicionalista.

CAPÍTULO 5

El asado
y su
circunstancia

LA GEOGRAFÍA MANDA

Así como el clima, la topografía y otros elementos geográficos condicionan el carácter, las costumbres y las particularidades de los pueblos, el ámbito en que se desarrolla un asado determina las características del mismo.

Existen, desde luego, individuos cuya naturaleza anárquica los conduce a romper -entre otras cosas- los esquemas, realizando prácticas extemporáneas a su entorno. Son estos, como se sabe, la excepción que confirma la regla.

El elevado catedrático venadense Boby Moore, por dar un ejemplo, pese a ser nativo de la llanura ejecuta instrumentos aerófonos con la pertinacia de un Coya. Y no contento con ello, oficia de luthier, fabricándolos.

Esto no nos habilita a construir el silogismo "los habitantes de la llanura tocan la quena", ya que el caso citado es sólo un ejemplo de la heterogeneidad humana.

La enumeración y el breve análisis que siguen, tampoco pretenden ser taxativos. Sólo intentan ofrecer un mosaico de asados arquetípicos en base a los elementos salientes de cada tipología.

Echemos entonces un vistazo a los distintos tipos de asados que se preparan y degustan en este país generoso.

Punto. Y coman.

ASADO DE OBRA

Un lugar común en el imaginario colectivo es el de suponer que los individuos de piel negra son magníficos amantes. Si es cierto o no, en alguna otra ocasión lo discutiremos.

Del mismo modo, la mitología popular eleva a una categoría superior al asado que preparan los albañiles u otros trabajadores callejeros.

¿Verdadero o falso?

No es sencillo determinarlo. Pero existen algunos elementos conducentes a intentar una explicación para el caso.

En primer lugar, el asado se prepara, por lo general, los fines de semana.

Por lo tanto, toda vez que el criollo manjar se deguste en días hábiles moverá invariablemente a la envidia de los paseantes cuyas pituitarias resulten excitadas por el perfumado humito. Y los laburantes, sabido es, comen (o comían) asados sin prestar atención al calendario.

Punto dos: quien transita por las inmediaciones de uno de estos festines populares se halla inmerso en las agobiantes redes de la rutina, prisionero de los trámites, esclavo de las obligaciones.

Ver a otros manducando un flor de asadacho genera inevitablemente un irrefrenable sentimiento de envidia, que potencia hasta lo indecible el deseo de sumarse a la festichola.

El asado de obra carece de pompa y boato.

Se prepara sobre parrillas descuajeringadas y se come sin lujo de vajilla.

Quien tiene a cargo la preparación exhibe, por lo general, cierta displicencia.

Parece -visto desde afuera- que el asado se hiciera solo.

Muy de vez en cuando el tipo echa un vistazo y -como al descuido- mueve alguna brasa con un palito o da vuelta un pedazo. Y en el momento que pega el grito avisando que ya está, el acatamiento es inmediato. Se escucha el chirriar de andamios, el golpe sordo de las herramientas y en menos de lo que canta un gallo el personal en pleno se encuentra reunido en torno a la parrilla.

Se dice que la carne utilizada no es de primera. ***"Usan falda, pero igual les sale como los dioses"***, sostiene la gente.

El vino en Tetra Brik es la bebida más apetecida, aunque resulta claramente desaconsejable para quienes deben continuar la tarea encaramados a un andamio en el piso veinte y están, por obvias razones de seguridad, obligados a consumir gaseosa.

Pero si hay algo que caracteriza al asado de obra es su escueta fórmula: sólo carne y pan. Ni por asomo uno puede sorprender a estos ebúrneos muchachones lavando lechuguita para la ensalada, o preparando unas papas con perejil y ajo.

Esta variante típicamente urbana es, por cierto, la que más se aproxima a lo que degustaban nuestros criollos ancestros, por su rústica simplicidad.

Los asadores de obra se apellidan por lo general **Carranza**, **Videla**, **Carrizo** o **Nuñez**. Y responden, usualmente, al cariñoso apelativo de **"Negro"**, **"Panza"** o **"Zurdo"**. Es imposible que en la obra trabaje un individuo apodado **"Macoco"**, **"Jimmy"** o **"Charly"**. Tampoco encontrará jamás de los jamases un **Mc Cormick**, un **Bunge**, o un **Zavaleta Achaval**. Ya que si algún portador de estos ilustres apellidos se encontrara casualmente entre ellos será, inexorablemente, el propietario de la obra.

ASADO DE TC

Se trata de un género que pertenece definitivamente al ámbito de los buenos recuerdos.

Porque depende de la realización de una competencia automovilística rutera, modalidad que ha sido definitivamente abolida en nuestro territorio.

Subsisten, empero, ciertas competencias zonales, en comarcas provinciales, además de las carreras de Rally, en las que los espectadores siguen cultivando la costumbre del asado al borde del camino.

Pero el asado que en este caso evocamos es aquel de las viejas cupecitas, tripuladas por los gringos **Emiliozzi, Juancito Galvez, el "Tuqui" Casá, Carmelo Galbato, Marquitos Ciani, Juan Manuel Bordeu, el "Rengo" Loeffel**, o el hombre del apellido especial para la befa, don **Alberto Peduzzi**.

Los propios vehículos tenían apelativos que los distinguían, como la famosa **"Galera"**, el **"Tractor"** o la **"Coloradita"**, componiendo un rito folclórico entrañable.

En aquellos tiempos, la familia completa ganaba la ruta, antes que despuntara el alba del domingo, en busca de las zonas con mejor visibilidad y de las arboledas bienhechoras. El asado era toda una ceremonia en la que participaba el grupo familiar sin excepciones. Se abrían los baúles de los vehículos y allí comenzaba la trabajosa descarga de banquitos y sillas plegables, tablones, parrilla, termos, bolsas de carbón, ensaladeras, damajuanas y un sin fin de enseres que incluía, invariablemente, la radio portátil.

Los chicos se embarraban hasta las verijas en medio de los pastizales húmedos de rocío y la suegra, achacosa y friolenta, se quedaba arriba del auto envuelta en una mantita.

Ya a media mañana, a eso de las 10 y media se empezaban a prender los primeros fuegos. Y antes de las doce ya había unos cuantos hincándole el diente a los infaltables choripanes.

Porque, en realidad, la carrera de TC se escuchaba más de lo que se veía. Y toda esta complicada ceremonia tenía tal vez como objetivo prioritario más la degustación de un asado al aire libre que la contemplación de los bólidos.

Las competencias se disputaban en circuitos de extensiones tan desmesuradas como el mismísimo territorio de una provincia. Y las cupecitas no pasaban más de una o dos veces frente a los ávidos ojos de los espectadores, que trataban -muchas veces en vano- de identificar la máquina entre el polvo, el griterío y el arremolinamiento de la turba que en tropel acudía a la vera del camino.

Como el circuito, además, no era otra cosa que una ruta (nacional o provincial), muy poco se prestaba para la contemplación panorámica. Primero se avistaba el avión que seguía la marcha de los punteros, más tarde comenzaba a escucharse el bramido de la cupecita en el fondo de la ruta, apenas un puntito, después una forma destellando al sol, hasta que ¡zum!, el vehículo pasaba con fugacidad de ensueño frente a los ojos desmesuradamente abiertos, que pugnaban por fijar en las retinas ese relámpago con el logo de Anan de Pergamino. Y enseguida, silencio. Hasta que, un ratito después, nuevo bramido, nuevo puntito agigantándose, nueva ráfaga frente al emocionado público y otra vez la nada.

La radio, con Isidro González Longui desgañitándose desde el micrófono, iba contando las vibrantes alternativas, mechando las posiciones y las interminables tandas publicitarias con las tan esperadas intervenciones del avión.

Demás está decir que, entre el ruido que producía el motor del aeroplano, la ventolina y la menguada tecnología de aquellos equipos de transmisión, el llamado del avión no era más que una jerigonza prácticamente indescifrable, que muy acertadamente ha reproducido el Negro Dolina en sus espacios radiales.

Los espectadores, interrumpiendo la manducación del chinchulín de turno, se agrupaban en torno del que tenía la portátil pegada al oído y lo acosaban a preguntas: *"¿Quién va primero?", "¿Cuánto le lleva Emiliozzi a Ciani?", "¿Cómo va Bordeu?", "¿Es cierto que abandonó Navone?".*

Y después de las dos de la tarde empezaba el desbande. La levantada de campamento. Los comentarios y discusiones. Y el apurado regreso a casa con la panza llena y el corazón contento, para escuchar el partido. Porque el fútbol, por aquellos tiempos, también sucedía en la radio.

ASADO DE PESCADORES

El pescado también puede terminar sus días sobre los fierros calientes de una parrilla, para ampliar la famosa sentencia de Martín Fierro, que vendría a quedar así: **"Todo bicho que camina, (o nada), va a parar al asador".**

Por lo tanto, las incursiones pesqueras suelen terminar (cuando la suerte acompaña), con un flor de asado compuesto por surubíes, dorados, pejerreyes o lo que el río o la laguna tengan a bien proveer.

Y el necesario acompañamiento de la suerte no es, en este caso, una frase de circunstancia sino una palmaria realidad, como habrán podido comprobar en más de una ocasión los pescadores desairados por la diosa fortuna.

Sabido es que un curso de agua fluyente resulta harto más imprevisible que una estática carnicería.

Cuando uno visita al carnicero sabe que algo (aunque sea falda) se va a llevar. En cambio, los pescadores terminan, más de una vez, con la parrilla vacía, quizás por la simple razón de que un escurridizo pez es mucho más difícil de atrapar que una incauta vaca.

Quien esto escribe lo ha vivido en carne propia, en una incursión adolescente a la Laguna de Olmos, en Córdoba.

Éramos por entonces un grupo de jóvenes inexpertos, pero nos adornaba la arrogancia típica de esa edad en que imaginábamos al mundo como una materia maleable a nuestro antojo. Por lo tanto, pertrechados con cañas, anzuelos y lombrices, sentamos nuestros reales a la vera de la citada lagunita.

Llevábamos con nosotros unos bifes de chorizo que, al carecer de refrigeración, muy pronto se pusieron rancios. Pero, en nuestra infinita arrogancia, suponíamos que los mismos cumplirían una función netamente decorativa, ya que nos teníamos fe suficiente como para causar una verdadera catástrofe ecológica en la zona, despoblándola por completo de peces u otros seres anfibios.

Grande sería nuestra decepción al comprobar, tras un par de días de infructuosos intentos, que las criaturas de marras se negaban por completo a hincar el diente en los anzuelos que en vano les ofertábamos.

Mi amigo Oscarcito Estellés y este humilde escriba siempre tuvimos más hambre que paciencia, por lo tanto fuimos los primeros en proponer a nuestros compañeros pescadores (Sandro Trono y el "Colorado" Matheson) que hiciéramos de tripas corazón y les hincáramos el diente a las ya por entonces malolientes chuletas.

Pero ellos, que poseían quizás una mayor estima por sus propias habilidades, o -por qué negarlo- un más elevado sentido de la dignidad, se negaron de plano a almorzar carne rancia y se alejaron, caña en ristre, tras declarar con altivez: *"Esa carne les va a caer para el culo. Morfenlá si quieren, nosotros vamos a comer lo que pesquemos"*.

Oscar y quien suscribe, con esa picardía que adorna a los pillastres del interior, nos dijimos: *"Mejor, más pasto pa' mi burro"* y uniendo el acto a la palabra prendimos un fueguito en menos de lo que canta un gallo, antes que nuestros empecinados amigos tuvieran oportunidad de arrepentirse.

En media hora nos estábamos chupando los dedos con los generosos bifachos que, como el fuego mata todo, nos supieron a gloria.

Nuestros desgraciados compinches de aventura se pasaron horas maldiciendo al Dios Neptuno y regresaron al cabo, vencidos y humillados, para dar cuenta de un par de latas de picadillo por toda pitanza.

El relato, amigos, nos deja una enseñanza: un dorado a la parrilla, bien cocido y adobado, es un verdadero manjar. Siempre y cuando pique.

Por eso, amigos, atesorad y llevad a la práctica la siguiente máxima: "Más vale bife de chorizo en mano, que cien peces nadando".

ASADO DE TERRAZA

El asado que se come en una terraza no tendría mayores cualidades distintivas, de no ser por la existencia de un elemento en particular: la escalera.

Este detalle condiciona absolutamente el desarrollo del evento, dado que obliga a realizar un número variable (aunque siempre excesivo) de ascensos y descensos para el inevitable acarreo tanto de viandas como de enseres, cuanto en busca de elementos olvidados.

Durante los momentos iniciales de la preparación todo el mundo se encuentra sobrio y de buen ánimo, por lo que la leva de voluntarios para bajar y subir los escalones resulta un trámite sencillo.

Mas, a medida que el vino y la copiosa ingesta comienzan a embotar los sentidos y a dificultar la traslación, la voluntad mengua.

Este inevitable proceso da lugar a reclamos y protestas de variada índole, resultando los infantes quienes a la postre llevan la peor parte.

Muy comunes son las discusiones para determinar a quién le toca realizar el esfuerzo. Las quejas cunden y se producen enojosas situaciones a las que el jefe de la familia suele poner término con alaridos estremecedores.

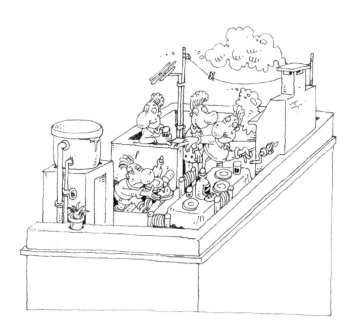

Los niños, que, como todos sabemos, son seres insolidarios, egoístas y mal predispuestos, entablan fatigosas discusiones: *"¡No che, yo bajé recién a buscar el pan, que las servilletas las traiga el Cacho!". "¡Qué Cacho ni Cacho, yo ya fui dos veces a buscar el vino y la coca!"*.

"¡Pero carajo, ¿todo lo tengo que hacer yo?...van los dos y sanseacabó!", tercia el progenitor, perdiendo los estribos, mientras apaga un conato de incendio provocado por un chorizo traicionero.

Y así va transcurriendo la encantadora velada, hasta que inevitablemente llega el momento fatal de levantar la mesa, recoger todo y bajarlo. Entonces los comensales maldicen y se lamentan, ya que si este acto en cualquier circunstancia resulta penoso, en un asado de terraza la tarea se torna ciclópea. Por lo tanto cunden las avivadas de los pícaros que nunca faltan, pretextando una súbita necesidad de ir al baño, o los que con bajar dos tenedores y un bollito de servilletas de papel piensan que han cumplido con su deber.

Es ese el instante en que el padre jura por todos sus antepasados no volver a hacer un asado ni que se lo pidan de rodillas.

Y allí queda la terraza, sucia, desordenada y silenciosa. Hasta el próximo asado, en el que todo lo ocurrido se repetirá inexorablemente.

ASADO DE CAMPAMENTO

Si uno sale en carpa no va a andar preparando pato a la naranja o cóctel de camarones.

El asado, en estos casos, cae de maduro.

Además, como las carpas suelen instalarse en sitios arbolados, conseguir leña resulta un juego de niños.

El asado de campamento tiene sus pequeñas particularidades. Por lo general, el vino se toma en esos espantosos vasos metálicos que cualquier campamentista que se precie suele llevar consigo.

La ingesta (sea cual fuere el menú) suele ser matizada por inoportunas visitas de insectos y alimañas de variada prosapia.

Fuera de ello, todo el mundo está distendido y alegre, por lo que la carne sabe a gloria y es agradecida.

Pero hay cierta situación que en un campamento resulta francamente intolerable: hemos tomado la decisión de preparar salchichas o unos fideítos al aceite *("para no complicarnos la vida, ¿viste?")* y los degenerados angurrientos de la carpa de al lado justo han decidido preparar un asado de órdago.

La situación se torna insoportable, porque, encima, el viento empuja el humo -invariablemente- hacia donde estamos ubicados. Y la envidia, ese sentimiento malsano, crece y crece hasta hacernos desear, no digamos la muerte, pero sí una severa invalidez permanente a quienes nos hacen estallar la hiel.

ASADO A LA CANASTA

La decisión de celebrar un asado en el que cada uno de los participantes (o sus grupos familiares) asuma el compromiso de contribuir con una parte alícuota de lo que se colocará sobre la parrilla, trae aparejado un ejercicio de psicología aplicada.

En estas circunstancias, cada quien pone de manifiesto su más íntima materia constitutiva.

Está el que aporta un mísero trocito de falda parrillera que no llega al medio kilo, con la excusa baladí de que *"mis chicos no comen nada"*. Aunque al rato descubrimos que no se trata precisamente de "chicos" sino de un auténtico cardumen de voraces pirañas.

Y está también el que viene sólo, pero cargando pesadas bolsas de exquisitas viandas, ya que su conciencia no le permite ampararse en la amplitud de la convocatoria y quiere además agasajar a sus amigos.

Hay de todo en la viña del Señor. Y en estas situaciones las diferencias saltan a la vista.

Lo más común, en realidad, es que los asados a la canasta se presten a la típica exageración argentina y cada uno de los concurrentes caiga atiborrado de víveres como para alimentar, él solo, a todo el conjunto.

Por lo tanto, cuando ya los comensales han quedado ahítos, sobre la parrilla se acumulan piezas intocadas de carne y pilas de achuras que, una vez frías, sólo servirán para alimentar a la perrada.

Los comensales, atribulados ante el exceso, caerán en el consabido mea culpa, prometiendo una organización más ajustada para el próximo ágape. No faltará quien haga mención a la afligente situación de Ruanda, o lanzará un vago y culposo comentario: *"¿sabés la cantidad de pibes sin comer que debe haber en este momento?"*.

Sea como fuere, en el próximo asado a la canasta la situación volverá a reproducirse de manera calcada. Porque si fuéramos organizados y metódicos, no seríamos argentinos, sino suizos. Y el tema de esta obra serían los relojes.

ASADO DE BALCÓN

85

El balcón, para los sufridos habitantes de la gran ciudad, es un pobre sucedáneo del patio. Salvo que se trate de un balcón-terraza, en cuyo caso las dimensiones permiten el desarrollo más cómodo de tareas recreativas o ágapes varios.

Estos últimos suelen estar dotados de parrillas fijas, lo que posibilita la normal preparación de un asado. En cambio, los primeros, obligan a realizar toda suerte de malabares, dada la escasez de espacio y la presencia de macetas, sillones, bicicletas y todo tipo de enseres que la familia va acumulando allí.

La preparación del fuego en un balcón suele devenir en una actividad riesgosa, debido a que las pequeñas parrillas metálicas no son todo lo generosas que sería deseable y la propagación de las llamas se convierte en una amenaza.

En un asado de balcón, además, es imposible resguardar la intimidad. El humo delator lleva los efluvios hacia los pisos superiores y suele provocar situaciones enojosas en las reuniones de consorcio.

En un edificio habita gente de las más diversas idiosincracias. Están los que se resignan a su destino de colmenar, preparando sólo comidas discretas y están también aquellos que no se entregan y comen asado aún en las peores condiciones.

"Ya está otra vez el hinchapelotas del 3° B prendiendo el fuego. Cerrá las ventanas, vieja, que se nos llena la casa de humo", refunfuña el vecino de arriba. Y completa su sorda protesta con un *"en la reunión de consorcio ya me van a oír"*. Pero en la reunión de consorcio el asador del 3° B tendrá una estrategia perfectamente planificada y ni bien le mencionen el tema del asado sacará a relucir el comportamiento del perro que habita

el departamento del denunciante y molesta con sus ladridos o con sus orines en el palier.

Y así, la situación desemboca en un inevitable empate técnico que le dará aire para seguir preparando asados, al menos hasta que el consorcio en pleno lo denuncie ante la autoridad pública.

Delicias de la vida moderna, que le dicen. Porque si el ser humano tiene un mérito histórico, es su capacidad para vivir cada vez peor.

ASADO DE TALLER MECÁNICO

Las paredes del taller son una incitación permanente al pecado de la carne.

Como todo el mundo sabe, allí se exhiben pulposas señoritas ligerísimas de ropas, que alimentan la vocación carnívora de los rudos trabajadores.

El ámbito donde se desarrolla el asado no es, por lo general, para gente de pituitaria delicada o amante de la higiene.

Se manduca sobre dos caballetes y una chapa, en medio de motores destripados y aroma de lubricantes. El piso suele ser una gran mancha de grasa y el propio asador puede confundirse con una mancha más.

Pero el hambre tiene cara de hereje y los muchachos no se andan con remilgos, así que encienden el fueguito en el fondo, o si no en la misma vereda y le dan a la mandíbula sin ningún remordimiento.

Nunca falta el cliente oportuno que cae a buscar el auto y se prende con un choricito. Ni el comerciante vecino que aporta unos pesitos y engrosa la rueda.

Cuando el lugar de la ingesta queda cerca de la persiana, los comensales aprovechan la privilegiada ubicación para lanzar requiebros galantes a las damas que a la sazón transitan por la acera. Por lo general, los piropos van subiendo de tono a medida que aumenta el consumo etílico.

Si usted dejó un vehículo para arreglar, sólo le queda solicitar en sus oraciones que no le echen mano después del bien regado asadito. Porque, caso contrario, el consabido *"cualquier cosita me lo traés de nuevo"*, se hará realidad inexorablemente.

ASADO DE OFICINA

Una oficina es como una gran familia, o como un pequeño infierno, según se mire.

Y no hay mejor elemento catalizador que un asado para hacer brotar, como la llama surge del rescoldo, las pasiones, inquinas y cuentas pendientes que los compañeros llevan adentro.

En el asado de oficina no se habla de otro tema que de la oficina.

Los chuscos comensales aprovechan para exhibir todo su repertorio de bromas pesadas y befas del peor gusto.

Se despelleja impiadosamente a la plana mayor.

Y la bonita del grupo es asediada, recibiendo todo tipo de proposiciones procaces, que jamás -salvo contadísimas excepciones- llegan a concretarse.

¡Ay de los ausentes! Serán blanco de los más insidiosos comentarios y críticas.

¡Ay de los que lleguen tarde! Se les tributará una bienvenida bullanguera, matizada por insultos, pullas y lanzamiento de panes.

¡Ay de los que se retiren temprano! Un coro de ladridos partirá de las gargantas ululantes del borracherío exaltado, que no tolera deserciones.

¡Ay de la que acepte ser llevada hasta su casa por un compañero! Su reputación caerá en el más sucio de los lodazales.

El asado de oficina es, al final de cuentas, el lugar propicio para perder un empleo, perder la intimidad, perder imagen y finalmente, si la cosa se prolonga hasta altas horas y el día siguiente es laborable, perder el presentismo.

ASADO DE COUNTRY

Feudo contemporáneo, el Country (que no se llama sencillamente "Campo" porque, habiendo vocablos sajones, para qué vamos a usar nuestro limitado idioma), es un coto cerrado que protege a los de adentro de los peligros exteriores, los defiende de la fealdad y la chabacanería y los pone en contacto íntimo y permanente con los refinados miembros de su clase.

Para pertenecer a esa clase -aclaremos- sólo hace falta poseer el dinero necesario, que, como título habilitante, no dice mucho de sus dueños. O en realidad, lo dice todo.

De todos modos, quien accede a un Country siente que le ha llegado el momento, por fin, de vivir como se debe, o como alguna gente cree que se debe vivir. Por lo tanto, cada uno de esos actos que debieran ser naturales y espontáneos, adquieren una impostura que los inviste de cierta ridiculez.

Es que, por tratarse de un lugar cuya característica saliente es el encierro, los unos se fijan en los otros, quienes a su vez se fijan en los unos. Y la exposición a la mirada ajena resulta aún más nociva que los rayos ultravioletas, ya que no hay capa de ozono, ni de ningún otro elemento, que proteja a la gente de su propia inseguridad.

Por eso, en el Country el asado se encara con suma discreción. Generalmente en la parte posterior de la casa, a salvo de miradas curiosas.

Se come dentro de bien murados quinchos y procurando por todos los medios no causar molestias sonoras u odoríferas al prójimo. Como si alguien en su sano juicio pudiera llegar a molestarse por una risa ajena

o por un aroma a carne bien asada.

Y el colmo de la discreción se da cuando, ya no por no molestar, sino para ni tan siquiera molestarse, los tipos directamente encargan el asado al bufetero del Club House, convirtiendo a la integradora ceremonia del asado en una vulgar fantochada.

¡Con lo lindo que es ensuciarse las manos con carbón, hablar a los gritos, emborracharse como una cuba, morfar a lo chancho y gritarle al vecino por encima del tapial!

ASADO BANQUETE

Condescendemos en llamarle asado a esta empirigotada ceremonia sólo porque el menú está compuesto básicamente por carne a la parrilla.

Pero es sólo eso lo que tiene en común con el manjar que motiva esta obra.

El asado banquete se degusta en ambientes selectos, como grandes quinchos, comedores o galerías de estancias y en clubes sociales de cierto rango.

Las viandas, en delicadas porciones, son provistas por mozos de riguroso smoking o inmaculada chaqueta blanca. Periódicamente los platos son reemplazados por otros, limpios y debidamente entibiados, al servirse una nueva porción.

Nadie manotea las botellas, ya que el *garçon* se ocupa de mantener la copa siempre colmada, apersonándose con velocidad de saeta cada vez que alguien vacía su contenido.

En un asado banquete, los comensales deben privarse del supremo placer de contemplar la parrilla durante la preparación, por cuanto la misma se encuentra ubicada en un lugar lejano y los ocasionales curiosos son mirados con indisimulada molestia por los esbirros que a la sazón pululan.

El asado bacán tiene un componente que lo destaca indudablemente de los otros: la infaltable presencia de la molleja, bocatto di cardinale que no cualquiera se permite incorporar a su dieta.

Por lo demás, se guarda durante su transcurso una actitud recatada, más propia de un tedeum que de una reunión de amigos.

Nadie arroja un pan. Nadie prorrumpe en risotadas.

Y para colmo, a la hora de los postres, suele haber discursos. Motivo suficiente como para declinar gentilmente la invitación y quedarse en casa a la espera de que la suerte nos depare un asado entre amigos, con mantel a cuadritos, sifón sobre la mesa, parrilla a la vista y clima de joda. Como debe ser.

ASADO TRISTE

Hay cierta burda charada que algunos pretenden calificar de "asado", consistente en colocar sobre la parrilla hamburguesas y salchichas parrilleras.

Este absurdo simulacro intenta recurrir a sucedáneos de la carne de ignota procedencia y composición, ya que sólo dios sabe qué carámbanos oculta en su aplanada topografía una hamburguesa. Y en cuanto a la materia constitutiva de la salchicha parrillera, sólo está al tanto el carnicero que la parió.

El asado triste suele ser un recurso al que echan mano los padres de familia en cumpleaños infantiles.

Un poco por salir del paso con un menú simple y económico, que no ofrece demasiadas complicaciones.

Y otro poco, por una terrible subestimación hacia los pequeños, expresada en argumentos tales como *"¿Los pibes? Noo, a los pibes los arreglás con cualquier cosita. Ellos lo que quieren es jugar, no perder el tiempo comiendo".*

Y con este razonamiento baladí, el tipo tranquiliza su conciencia y entretanto, por cinco guitas, les da cualquier porquería a los tiernos parvulillos.

Pero pruebe usted de prepararles un buen asado y va a ver como se prenden. ¡Minga de morfar una hamburguesa y salir corriendo! Con un asado de verdad delante de las narices, hasta el diablillo más chacotón comerá como un bendito y recién, cuando se encuentre bien lleno, se irá a jugar.

De manera que no nos vengan con cuentos. La salchicha parrillera y la hamburguesa deberían ser abolidas de la faz de la tierra. Y, ya que estamos, también todos los Fast Foods habidos y por haber, ¡qué carajo!

Y si usted piensa que este tema nos produce cierta indignación y nos hace hinchar la vena, no sabe cómo nos pone esa gente que insiste en cargar la parrilla de vegetales.

El dicharachero músico entrerriano David Cardozo, por ejemplo, fue un eterno abonado a esta triste escuela.

Cardozo, quien realizaba sus prácticas contra natura en el Ateneo del Sagrado Corazón, en pleno barrio de Barracas, se empecinaba en colocar sobre el braserío todo tipo de porquerías. Tanto le metía choclo como tomate, tanto le agregaba pimiento como cebolla, papa, batata o lo que tuviera a mano oriundo del reino vegetal.

Por fortuna, para redimirse, el hombre de cuando en cuando solía preparar unos matambritos bastante interesantes y algún que otro vacío bien a punto. Pero eso no lo exime, a nuestro modo de ver, de haberse ganado, como mínimo, una buena temporada en el purgatorio.

El asado triste es el peor de cuantos le pueden a uno tocar en suerte.

Por eso, ya sabe, si tiene en sus planes un ágape de esta categoría, no cuente con nosotros. Que, para tristeza, ya tenemos bastante con lo que vemos a diario en la tele.

CAPÍTULO 6

Algo sobre el estilo

PSICOLOGÍA BARATA Y COSTILLAS DE VACA

¿El asador nace o se hace?

Esta cuestión central en la indagación del alma humana ha desvelado desde tiempos remotos a los grandes pensadores.

Sin ir más lejos (hasta Venado Tuerto nomás), el espigado filósofo y tratadista Juan José "Boby" Moore reflexionó en su obra "Teoría y Praxis del asador contemporáneo", acerca del asunto.

Según Moore, la naturaleza del asador está impresa de modo indeleble en su información genética, determinando el estilo que imprimirá a sus asados el día de mañana.

Citamos un párrafo: *"...así como es vano el intento de avispar a un chambón, del mismo modo resulta estéril la intención de modificar el impulso primigenio que lleva a un asador a desenvolver su tarea de cierta manera y no de otra. Anoto, en este sentido* -miente aquí el tratadista- *una máxima de mi cosecha: Al que nace barrigón es al ñudo que lo fajen"*.

Sin entrar a juzgar las razones de Moore para atribuirse sentencias ajenas, observaremos que la razón le asiste. No es posible modificar el carácter de cada ser humano, por lo que todos sus actos, desde el más irreflexivo, como contraer matrimonio, hasta el más sesudo y meditado, como tratar de sacar un asado a punto, están regidos por el mismo principio.

Por lo tanto, reflexionaremos a renglón seguido sobre los diversos estilos de asadores que nos es dado observar, sin que la enumeración resulte en modo alguno taxativa.

Ya hemos discurrido anteriormente sobre "Categorías". Pero, como veremos, no tiene nada que ver la paja con el trigo, puesto que cada categoría de parrillero puede ofrecer estilos de lo más diversos.

Pasen y vean.

EL LENTO

El hombre se toma su tiempo. Hasta se podría decir que no sólo se lo toma, sino que, además, se emborracha.

El asador lento imprime a cada una de sus tareas una enfermante parsimonia, poniendo de este modo a prueba los nervios de los comensales más hambrientos y/o ansiosos.

Por empezar, ya llegaron todos y él todavía no encendió el fuego.

Pacientemente corta leñitas y prepara la pira con exasperante prolijidad.

Nunca tiene a mano los fósforos o el encendedor. Pero el hombre no se altera, los busca sin ningún apuro, revisando prolijamente bolsillos y petates varios.

Conversa con uno o con otro. Aunque generalmente lo hace con uno **y** con otro.

Realiza largas pausas entre tarea y tarea, e incluso en mitad de una misma tarea.

Por ahí se va. Abandona la parrilla y parte con rumbo incierto, mientras los presentes se interrogan sobre su paradero con indisimulada ansiedad. Al rato vuelve, sin ningún apuro, después de haber cumplido con alguna necesidad fisiológica o de haber mantenido cualquier conversación baladí.

Por fin, enciende el fuego. Entonces los espectadores se dicen *"bueno, ahora sí"*. Pero ahora tampoco.

Es sólo el comienzo de una nueva cadena de demoras.

El tipo espera a que hasta el último carboncito esté al rojo vivo.

Alista y limpia la parrilla meticulosamente.

Distribuye una ligera camita de brasas debajo.

Pone la carne buscando una distribución perfecta.

Mueve las brasas como si fueran piezas de ajedrez. Jamás apura la carne, ya que, según su particular estilo, pareciera que esta se puede poner nerviosa.

Como consecuencia de su lentitud, entre los comensales cunden la impaciencia y el hambre. Un concierto de gorgoritos estomacales comienza a elevarse a su alrededor, aunque él no parece darse por enterado. Entretanto, sus víctimas comienzan a atiborrarse de pan y ensalada.

Cuando el asado, horas después, llega finalmente a la mesa, ya están todos ahítos.

Eso sí, el hombre es totalmente impermeable a las protestas y reclamos.

Si alguien le sugiere que apure el expediente, responde: *"Calma, calma que esto lleva tiempo"*, o bien: *"No me apuren si me quieren sacar bueno"*.

Y qué lo van a apurar si no hay forma.

EL APURADO

Al igual que el conejo de Alicia, para él siempre es tarde.

El apurado siente que el tiempo es veloz, los trenes se van y la vida depara amargos castigos para los que lleguen tarde quién sabe adonde.

Este razonamiento lo lleva a hacer todo precipitadamente, pues la ansiedad lo devora y teme que los comensales planteen algún tipo de reclamo que, de formalizarse, le provocará un agobio insoportable.

Entonces enciende el fuego recurriendo inexorablemente a combustibles líquidos: kerosene, aguarrás, solvente, o cualquier otro medio que le asegure llama instantánea.

No espera a que las brasas estén bien encendidas y tira la carne sobre la parrilla cuando los carbones aún están negros.

Eso sí, prepara un fuego muy abundante, no vaya a ser cosa de quedarse corto y tener que perder preciosos minutos en el encendido de brasa nueva.

Coloca la parrilla bien baja, casi tocando el braserío.

Mueve la carne permanentemente, haciéndola girar como una peonza, como si de ese modo acelerara los tiempos lógicos de cocción.

El tipo se propone alterar las leyes de la física, ya que los procesos naturales le resultan insoportablemente morosos. Si pudiera, utilizaría parrilla de microondas. Y maldice, por lo tanto, que aún no se haya inventado el sistema.

Cuando el apurado da por terminada su faena, invariablemente la mitad de los invitados aún no se ha hecho presente. Pero el muy culo inquieto jamás asume su responsabilidad en dicha falta de sincronización y se pasea nerviosamente mascullando: *"¡Pero che, por qué serán tan informales, les dije que vinieran temprano!"*.

Por lo general, estos asadores se jactan de sacar un asado en 35 minutos. Y en realidad eso ocurre, ya que no asan la carne, "la sacan". La consecuencia es un asado "arrebatado", quemado por fuera y mugiente por dentro.

En cuanto al lechón, carne que -como es sabido- requiere de una cocción lenta y pareja, el asador apurado se jacta: ***"En una hora y media te lo hago"***.

Y así les sale. Los sufridos degustadores corren el serio riesgo de pescar flor de indisposición tras la riesgosa ingesta de chancho crudo.

El asador apurado es un castigo del cielo.

Aunque nunca podremos averiguar qué habremos hecho para merecerlo.

EL USURPADOR

Personaje de sibilinos manejos, el Usurpador suele hacerse presente antes de que el asador haya comenzado con los preparativos.

Como quien no quiere la cosa, ofrece su ayuda.

Si le dan pie, comienza inmediatamente a ganar terreno, arrogándose prerrogativas que nadie le ha confiado.

Corta la leña. Trae bollitos de papel. Abre la bolsa de carbón. Casi imperceptiblemente se va adueñando de la situación.

Prende el fuego. Va a la cocina a ver si salaron la carne. Sin dar lugar a que alguien se ocupe, lo hace él. La prepara, la lleva hasta la parrilla y hace una pregunta de compromiso al asador de turno: ***"¿Te doy una manito?"***.

Rápidamente, sin esperar respuesta, pone manos a la obra.

Distribuye la carne sobre la parrilla y sigue ganando terreno.

Un rato después, ha dominado por completo el teatro de operaciones y en cuanto el asador legítimo intenta tocar algo, lo reprende con tono autoritario y socarrón: *"¡Pero no, sacale brasa a esa tapa que la vas a arrebatar!"*. *"Dejá, dejame a mí que yo te arreglo esto y después te dejo"*.

¡Minga lo va a dejar! En realidad ya no le quitarán el bastón de mando ni a través de un golpe de estado.

Cuando la preparación promedia, el Usurpador es un tirano con la suma del poder público en sus manos.

Y es un tirano al que nada conforma. No sólo hace el asado. También lo sirve y atiende a la gente. Se entromete en las charlas y dirige la conversación. Hacia las postrimerías propone jugar al truco, arma las parejas, ordena la preparación de café y determina el momento de la fruta.

Y al final, cuando se va, inexorablemente se queja ante su mujer por la pasividad de quienes invitaron: *"¿Te das cuenta?: al final tengo que hacerlo todo yo"*.

EL DISPLICENTE

Hay asadores lentos, como ya dijimos. Y hay asadores displicentes, que no es lo mismo.

El Displicente es un dominador de su oficio, un exhibicionista que juega con los nervios de los invitados.

Como esos jugadores de fútbol dotados, aunque pachorrientos, (Daniel Willington, el "Trinche" Carlovich) que parecen hacer todo a desgano, pero la jugada siempre les sale.

Este personaje de nuestra fauna asadoril realiza su tarea prácticamente sin prestarle atención, como sobrándola.

Si el asado es en verano, en una quinta de amigos, él encenderá el fuego y se irá a jugar a la pelota con los chicos.

Regresará recién cuando la brasa esté lista, bien encendida.

Finge tener dudas, no estar muy seguro. Hace preguntas obvias.

Todo para crear un clima de desconfianza hacia sus virtudes y tener a la audiencia en un puño.

Pone la carne y se tira a la pileta.

Pasan los minutos y los comensales comienzan a preocuparse. Se arriman al borde de la piscina y le preguntan, ansiosos: *"Che, ¿no se te pasará? Fijate, no sea cosa que se nos arruine"*.

El tipo se hace el desentendido. Ensaya respuestas socarronas, nada un par de largos más y recién entonces, como sin darle importancia al asunto, sale del agua, va a la parrilla, acomoda el fuego y se va a conversar a la cocina.

Regresa y da vuelta la carne en el momento justo, sin chamuscos, todo bien doradito. Como si hubiera recibido un aviso divino.

Y otra vez a la pileta, adonde permanece hasta emerger con el tiempo justo para secarse y pegar el grito: *"¡¡A comer!!"*.

Pero no hace falta para revelar a un Displicente la existencia de una piscina. De no haberla, el tipo se distraerá igualmente pateando una pelota, tomando sol o jugando con los chicos.

El asado, asombrosamente, resulta una maravilla.

Ante la incredulidad generalizada y las preguntas admirativas, responde con falsa modestia, encogiéndose de hombros: **"El asado se hace solo"**.

Si los demás insisten, el Displicente jura con picardía que no se explica cómo le ha salido bien.

Y a lo mejor es realmente así: no se lo explica. Porque a los dotados, las cosas simplemente "les salen".

EL DÉSPOTA

Hay tipos que porque preparan un asado se sienten Julio César al mando de las centurias romanas.

Al Déspota se le suben los humos.

Indica donde se debe sentar cada quien. Distribuye el pan, a razón de uno por cabeza. No acepta pedidos tipo *"más cocido"*, *"a mí a punto"* o *"bien jugo-so"*. Sencillamente porque él cree tener el punto justo patrón para paladear un buen asado.

Con gesto altanero va repartiendo los trozos, mientras sentencia: *"La carne se come así"*.

Y no sólo dicta cátedra respecto de la carne, sino que dictamina, por ejemplo: *"Para esto va tal vino"*, como si fuera el dueño de verdades universales.

Reprende permanentemente a la concurrencia, con un cierto aire de fastidio: *"¡No, gil, no le saqués toda la grasa!"*... *"Pará, pará, ya tiene la sal necesaria"*...

"¡Cómo vas a tirar esa costillita!, ¿no sabés que la carne pegada al hueso es la más sabrosa?"... *"¡No, chambón, a esto todavía le falta, probá este pedazo y después me contás!"*... etc., etc.

De más está decir que es totalmente refractario a las colaboraciones espontáneas, ni permite que alguien se acerque o meta mano en la parrilla.

Porque cuando ello ocurre, se ofende rápidamente y amenaza abandonar su puesto: *"Si quieren, hagan el asado ustedes"*.

Y si se lo contraría es capaz de cumplir con su amenaza y dejar la tarea a la buena de dios.

Algo que, si realmente ocurriera, sería un alivio para todos.

EL INSEGURO

Que el mundo está lleno de pusilánimes, no es ninguna novedad.

El problema reside en que aún el más pusilánime de todos suele verse obligado de cuando en cuando a enfrentar el duro desafío de preparar un asado.

Puede haber hecho cientos, pero para él siempre será como el primero.

Las dudas lo atormentan. Pregunta todo y nunca está seguro de nada.

"¿Será suficiente el carbón?", "¿Le pongo mucho de entrada o le voy agregando?". "¿Alcanzará la carne?", "¿Será tierna?". Estas son sólo las dudas iniciales. Pero habrá más, muchas más a lo largo de su penosa tarea.

Empieza por hacer trabajosos cálculos sobre la hora conveniente para prender el fuego. Luego lo mismo para decidirse a poner la carne.

Si el fuego es poco, piensa que se le va a secar. Si es mucho, que se le arrebatará.

La cantidad de carne a colocar es otra de sus dudas metafísicas. Teme que falte, o que sobre, o las dos cosas al mismo tiempo.

Le aterroriza, desde luego, la posibilidad de que el asado esté listo antes de que llegue la gente; o al revés, que los comensales lleguen cuando todavía está en ciernes y deban esperar demasiado.

Después viene lo peor: ¿en qué momento darlo vuelta? Y cuando ya no ha tenido más remedio que tomar la fatal decisión, nunca estará seguro del momento justo para servirlo.

Los factores climáticos lo atormentan: *"¿lloverá?"*, *"¿habrá demasiado viento?"*.

No se conforma, desde luego, con preguntar a uno solo, ya que como buen inseguro teme equivocarse siempre, pero también teme que se equivoquen los consultados.

Cuando sirve la carne pregunta si está bien y aunque le respondan que está riquísima, siempre piensa que le están mintiendo piadosamente.

La autoconfianza no es su fuerte, por lo que, para él, hacer un asado es una tortura. Y para los que deben soportarlo, también.

EL PRIMERIZO

Siempre hay una primera vez para todo. Y la preparación de un asado no es la excepción.

El asador primerizo afronta una verdadera prueba de fuego, pero lo mismo ocurre con quienes deben degustar el fruto de su experimento.

Aunque no todos los debutantes son iguales.

En este terreno nos puede tocar en suerte un primerizo al que denominaremos "normal" o, lo que es grave, un primerizo "engreído".

En cuanto a la mecánica en sí, un primerizo es siempre un primerizo.

Trata, por ejemplo, de encender el fuego colocando primero el carbón, después la madera y arriba de todo el papel.

Tarda siglos en encender el fuego. Pone el asado con el hueso hacia arriba. No sabe cómo maniobrar los chinchulines, que se le deslizan hacia las voraces llamas una y otra vez. Coloca las morcillas en el sector con el fuego más vivo.

Y los resultados, generalmente, son desastrosos.

El debutante termina siempre sucio y transpirado, buscando una mirada de aprobación entre los comensales.

Y aquí surgen las diferencias. El normal, sentirá, más allá de la condescendencia del público, que ha fracasado rotundamente. El engreído, en cambio, piensa que ya está en condiciones de instalar un asador criollo y llenarse de oro.

Aunque sólo por piedad o por hambre le hayan hecho honor al fruto de su trabajo, el engreído se ufanará: ***"Yo no sé porque hacen tanta historia con esto de hacer un asado, si es una pavada"***.

Obtendrá los mismos resultados que el normal, pero pedirá el consabido aplauso con una sonrisa de suficiencia dibujada en sus labios.

En estos casos, no existe otra conducta posible por parte de los comensales que el rigor. Hay que bajarlo del carro al desubicado y hacerle sentir que todavía le falta mucho.

Desde luego, se debe tratar siempre de no herirlo, haciendo uso de giros y comentarios diplomáticos, como por ejemplo: *"En mi vida he comido un asado más choto que este"*, *"Che, mejor la próxima vez encargamos unas pizzas y listo"*, o *"Ya que hacen tantas pruebas nucleares, ¿no podrían tirar una bomba sobre esta parrilla así este tipo se deja de hacer daño?"*.

Así, con dulzura no exenta de firmeza, se le hará comprender al primerizo que aún debe recorrer un largo camino, muchacho.

EL DESORGANIZADO

Una vez más nos encontramos frente a un caso de similitud que no implica igualdad.

No es lo mismo, aclaremos, un Desorganizado que un Improvisado, personaje éste que analizamos allá por los albores de esta obra.

Mientras el Improvisado es alguien consciente de su propensión al emparche y la precariedad, el Desorganizado es víctima de un desorden mental que lo supera y le impide planificar o prever mínimamente los pasos conducentes a determinado objetivo.

En tanto el Improvisado goza con su minimalismo práctico, el Desorganizado lo sufre, ya que lo suyo no es un efecto buscado sino una consecuencia de su falta de tino.

El Improvisado adopta su modalidad como un estilo propio y lo repite siempre como una cuestión de principios, mientras que el Desorganizado jura y perjura ser más previsor en la siguiente ocasión, aunque sea un juramento vano.

Analicemos entonces la conducta de este singular especimen, que se inscribiría dentro de la categoría de los que sienten la labor asadística como una pesada condena.

Sale a comprar la carne a último momento, porque se le hizo tarde, o porque le ocurrió algún imprevisto, o porque se olvidó, o porque...

Trae, desde luego, lo que encuentra, ya que gente más previsora que él ha arrasado por entonces con las mejores piezas.

A la hora de encender el fuego advierte que no tiene parrilla. Tal vez la prestó, tal vez la olvidó en casa de un amigo, o en el baúl de un auto que quedó en un taller mecánico, o tal vez nunca la tuvo y el muy descocado ni se acordó del detalle a la hora de invitar.

Busca entonces reemplazarla con trozos de alambre, una rueda de bicicleta o (solución desesperada) con las bandejas de la heladera.

Cuando da comienzo a sus tareas, pechando fósforos a quienes lo rodean, será necesario subir al auto en busca de más carbón, salir a la disparada a comprar el vino antes de que cierre el último almacén y -por supuesto- a pedir pan prestado a los vecinos.

Finalmente, fatalidad de las fatalidades, se dará cuenta demasiado tarde de que en la casa no hay ni pizca de sal.

Si los comensales son 15, habrá a lo sumo 8 platos, con lo cual un sufrido grupo de invitados deberá compartir los suyos o comer la carne a la criolla, con pan y a manopla.

Lo mismo acaece con la provisión de vasos, ya que el desorganizado ni se ocupó de contarlos previamente y descubre fatalmente tarde que en los últimos lustros se le ha roto la mayoría. De modo que los concurrentes terminan escanciando el vino en jarritos de loza, compoteras y hasta directamente del pico.

De los platos de postre, ni hablar. Habrá que lavar los pocos que hubo para la carne y reciclarlos.

A la hora del café, no hay tazas. Los más afortunados podrán beberlo en los pocos vasos existentes. Los menos, deberán aguardar que aquellos den cuenta de la infusión para poder reutilizar los vasos.

Y así todo.

El Desorganizado, entretanto, se deshace en excusas, promete tomar recaudos la próxima vez y pide disculpas con expresión compungida.

Pero el caos que reina en su interior le impedirá fatalmente cumplir con sus promesas. Y en el siguiente asado que lo tenga por factotum, todo se repetirá del mismo modo. O peor, ya que el desorden mental es un síndrome que se agudiza con el tiempo.

O sea que, argentinos, ¡huid de esta malhadada caterva de asadores! ¡No aceptéis sus convites! ¡Quedaos en casa bebiendo un caldito antes que caer en las garras de un asador desorganizado!

Salvo que, amigos míos, vosotros compartáis idéntica penuria espiritual, en cuyo caso os tendréis bien merecida una dosis de vuestra propia medicina.

EL FANFARRÓN

Si se lo encuentra en los más diversos escenarios de nuestra vida cotidiana, ¿cómo iba a faltar en este auténtico santuario de la argentinidad?

El cielo nos ampare del Fanfarrón entregado al oficio de asar.

Se las sabe todas y además, está decidido a no privarnos de su infinita sabiduría.

No hay asado como el que prepara él.

Tiene la posta de los lugares que venden la mejor carne y al mejor precio. Desautoriza, desde ya, toda opinión ajena.

No permite que nadie haga nada, pero no por cortesía sino por desconfianza.

Si otro trajo el vino, lo criticará, acomodando su arrogante argumentación según le convenga.

Cuando el vino viene en damajuana, dirá que es adulterado, en tanto que si viene en botella aducirá que pagaron de más al cuete, ya que él consigue uno de damajuana que es mejor y más económico.

Es despectivo. Cualquier ofrecimiento de ayuda le provoca una sonrisa socarrona: *"Andá, mejor ocupate de los chicos y dejá esto para los que saben"*.

Si al servir le hacen algún pedido especial, descalificará al solicitante: *"Pero, ¿dónde aprendiste a comer asado vos, en un Pumper?... Comete este pedacito y después contame"*.

Al notar que le están haciendo honor al fruto de su talento, se vanagloria: *"¡Cómo morfan, ¿eh?, se ve que les gusta lo bueno"*.

Y remata su faena, al final de la jornada con un categórico: *"Cuando quieran comer asado, ya saben"*.

Líbranos Señor de este flagelo. O mejor, librémonos nosotros mismos expulsándolo sin más del paraíso parrillero.

EL MODESTO

La modestia es considerada por lo general una virtud del carácter.

Sin embargo, diseccionada con bisturí implacable suele ocultar entre sus repliegues cierta debilidad agazapada. Debilidad que, al disfrazarse de conducta virtuosa, pasa por mérito ante las miradas condescendientes.

Por lo tanto, cuando estamos frente a un asador Modesto, se nos hace difícil advertir si lo suyo es un don genuino, propio del hombre capaz que no necesita de alardes, o se trata, por el contrario, de un inseguro que finge modestia para obtener la condescendencia ajena.

Sea como fuere, el asador Modesto jamás presume ante un resultado feliz.

Para él, el factor decisivo para un buen asado es la carne.

Si es buena, cualquiera es asador. Si es mala, hasta el más ducho fracasa.

Y si bien algo de verdad encierra este aserto, no constituye una verdad absoluta.

De todos modos, ante cualquier comentario elogioso, el hombre tiene su frase de cabecera a flor de labios: *"Si la nerca es buena, la tirás de cualquier manera arriba de la parrilla y te sale un flor de asado"*.

Cuando, entonces, se le reconoce su baquía al elegirla, entorna los ojos y desestima el cumplido: *"Qué se yo, te puede parecer un flor de asado y te resulta una suela. Todo va en suerte, viejo. Nunca se sabe"*.

Al final de la tarea, cuando resuena el merecido aplauso que premia su obra, el Modesto rechaza de plano toda alabanza y cierra su humilde faena con una frase que lo pinta en cuerpo y alma: *"Los aplausos, para la vaca"*.

A nosotros, en realidad, nos parece un pusilánime de porquería. Pero quizás sea porque la modestia no vendría a ser una virtud que nos adorna.

EL PULCRO

Este maniático obsesivo contraría las reglas naturales del asado, festín que guarda entre sus características intrínsecas cierto espíritu salvaje.

El pulcro, más que un asador parece un pediatra.

Es adepto a la parrilla con varillas en "V", ya que detesta que la grasa caiga sobre el fuego y levante llama. Si, pese a sus infinitas precauciones, este desgraciado percance fuera inevitable, el Pulcro apagará el incendio con ceniza, que tendrá preparada prolijamente para tal eventualidad. Y esgrimirá, desde luego, una explicación lógica para tal proceder: ***"Si lo apagás con agua se levanta ceniza y te ensucia todo el asado"***.

¿Y qué?, podría replicar uno, pero tamaño desparpajo le pondría los pelos de punta al escrupuloso individuo.

El Pulcro se viste de punta en blanco para acometer su faena. Y así como la inicia, la termina. Sin mácula alguna sobre su atuendo.

No parece que preparara un asado sino un exquisito menú de alta cocina para comensales súper refinados.

La limpieza de la parrilla, realizada a conciencia, le insume un arduo esfuerzo: primero raspa con un palito o cuchillo viejo los fierritos, después pasa papel de diario o trapo concienzudamente, luego la quema a llama viva para no dejar germen en pie; finalmente, con un trozo de grasa seleccionada, la frota, varilla por varilla, hasta dejarla reluciente.

Si se le inquiere sobre la razón de tan meticuloso proceder, responde: *"Sabés qué pasa, yo no quiero comer grasa podrida, viejo"*.

Hay incluso algunos pulcros -aunque parezca mentira- que colocan la carne de manera que el humo no la toque, porque *"El gusto a humo me descompone, me patea el hígado"*.

Desde luego que la asepsia demostrada en el transcurso de la preparación tiene su correlato al rematar la labor. El Pulcro concluye su intervención volcando la parrilla sobre las brasas para que se quemen los restos de grasa que pudieran haber quedado adheridos y luego le pasa un pedazo de miga de pan.

Porque si no lo hiciera, esa noche el tipo no podría pegar un ojo.

¡Maniático de porquería!

EL COCHINO

"Si limpiás la parrilla, se oxida". "El fuego mata todo". "Chancho limpio nunca engorda".

Con un puñado de burdos axiomas en ristre, este patibulario espécimen ronda las parrillas y comete tropelías que harían poner los pelos de punta al Director del Instituto de Bromatología, a la Presidenta de la Liga de Madres de Familia y hasta al mismísimo cartonero Báez.

El Cochino es un ser abyecto y abandonado, que omite todo recaudo tendiente a preservar la higiene de instalaciones, enseres y utensilios.

Incluso, en su olímpico desdén por la limpieza, el muy puerco incluye hasta la propia carne ya que le importa tres carajos si un chorizo se piantó de la parrilla y fue a parar rodando entre la tierra. El tipo lo levanta y quitándole lo superficial con el cuchillo, lo devuelve a las brasas sin inmutarse.

Si cae alguna pieza al fuego, apenas si se digna sacudirle un poco la ceniza y la vuelve a colocar sobre la parrilla.

En caso de que alguno le reproche su accionar, el tipo responde con sonrisa desdeñosa: *"¡Mirá si vas a tirar un sorchori, macho!, ¿estás en pedo? Quedate tranqui que nadie se va a morir por esto".*

Su justificación es aberrante: *"Estos se comen todo lo que les ponés adelante, ¿vos te crees que se van a dar cuenta?".*

Por lo demás, el Cochino no tiene preferencias por modelo de parrilla alguna.

Total, como no la limpia, le da lo mismo. Incluso, si le toca una con varillas en "V", muy sucia, en lugar de limpiarla, la da vuelta, así la grasa pegoteada se derrite y cae hacia el fuego.

Ni hablar de otros aspectos relacionados con la pulcritud y la asepsia.

El Cochino es capaz de hurgarse la nariz y acto seguido tocar el vacío a ver si ya está como para darlo vuelta. O rascarse salva sea la parte con denuedo y proseguir con el manoseo de la comida. Si hay perros rondando, juega con ellos, los acaricia, se hace morder o lamer la mano y después, con esa misma zarpa infecta, manipula lo que habrán de ingerir sus comensales (aunque en este caso sería más correcto denominarlos "víctimas"). Por supuesto que, además, durante la ingesta les arroja huesos y trozos grasientos, que los cánidos se ocupan de esparcir por el ámbito, colaborando con el cochino en la empresa de enchastrar todo.

La carencia de delantal o repasadores no le afecta en lo más mínimo, ya que no tiene ningún empacho en limpiarse el carbón o la grasa en sus ya mugrosos vaqueros, con lo cual, uno sospecha que es peor el remedio que la enfermedad.

Y así va el Cochino, asolando esas parrillas de Dios y sembrando gérmenes patógenos por doquiera.

Aunque, en el fondo, algo de razón parece asistirle, ya que, como él suele afirmar, al fin y al cabo "nadie se muere". O -si se muere- nadie ha podido comprobar que haya sido por su culpa.

CAPÍTULO 7

Los comensales

UN MARAVILLOSO GRUPO HUMANO

Así como un artista se debe a su público, un asador se debe a quienes disfrutarán de su obra, o serán víctimas de la misma.

A ellos les está destinado el fruto de los desvelos por comprar las vituallas, prepararlas y servirlas cual ofrenda servil a paganas deidades.

Los comensales integran el anónimo y supremo tribunal, que ora se deshace en elogios para el asador, ora lo lapida bajando el pulgar impiadosamente ante un trozo demasiado cocido o demasiado crudo.

El reputado tratadista venadense Boby Moore, en su ensayo "Los de afuera son de palo", los califica de *"chusma infecta"*, *"turba babeante y advenediza"* y *"manga de pelotudos"*. Aunque es menester aclarar que la citada obra fue escrita de apuro por el catedrático, tras un asado en el que sus invitados hallaron arrebatada la carne y berreta el vino. A veces, las humanas pasiones suelen colarse de contrabando aún en la delicada prosa y en el frío análisis de los más elevados pensadores.

Pero los comensales no son, por cierto, esa masa anónima y murmurante que puebla las estadísticas y llena los estadios de fútbol. O sea, no son todos iguales. Un asado permite detectar con meridiana claridad tipologías humanas bien definidas, que presentan, cada una de ellas, características marcadas como chorizo de rotisería.

Seguramente usted, amigo lector, al ir recorriendo las líneas que siguen, detectará en ciertas descripciones a ese cuñado que tiene tal costumbre o aquel amigo que incurre en cierta manía. Y ello se debe a que este folclórico ritual suele ser el elemento catalizador que hace aflorar lo que cada uno lleva adentro.

En el asado, como en toda manifestación genuina de lo popular, se produce cierta catarsis que deja al desnudo el alma de la gente.

Observemos si no a estos ejemplares. Y dígame después si no los identifica.

EL CRITICÓN

Jamás se lo vio preparando un asado.

Lo suyo es la observación maliciosa, el comentario irónico, la pulla despiadada.

El Criticón es una plaga que acecha a los asadores, siempre pronto a opinar con tono acervo sobre todo lo que considera mal hecho.

Y en general, considera que, mal hecho, está todo.

Llega temprano y se instala cerca de la parrilla. Observa que el fuego es insuficiente o demasiado. No está de acuerdo con la distribución de la nerca sobre la parrilla. *"Las achuras ponelas del lado de la pared, porque precisan más calor"*, *"¡No, no qué estás por hacer, dejá ese vacío que todavía le falta!"*, *"¡Pero mirá que sos chambón, sacale brasa a esa tapa antes que se te arrebate!"*. Su voz resuena como un hiriente sonsonete que le calienta la oreja al parrillero mucho más que el propio fuego de la parrilla.

Indica cuándo hay que dar vuelta la carne, si hay que pinchar o no los chorizos, si hay que rociar con salmuera, o bajar la parrilla, o subirla.

Al llegar a la mesa, se la agarra con la preparación de la ensalada, o con el tipo de pan que han comprado, o con el vino que otros eligieron.

Cuando come, pone cara de que no está tan bueno, o en todo caso (si está sublime) de perdonavidas.

Siempre encuentra defectos: o no se hizo del todo o el hueso está quemado.

Sin embargo, entre crítica y crítica, se las arregla para trasegar como un huérfano. No sin dejar de recordar, por ejemplo, *"aquel asado que comí en un campito de General Madariaga, hecho por unos paisanos. ¡Una cosa de locos, te juro!"*.

Jamás abandona su displicencia ni sus airetes de importancia. Tanto que, al retirarse, palmea paternalmente al asador y le espeta: *"Seguí practicando, seguí practicando que ya te va a salir"*.

Y la realidad es que, con comensales de esta laya, lo único que le va salir al pobre tipo es una úlcera.

EL HAMBRIENTO IMPACIENTE

Al igual que el Criticón, merodea la parrilla, pero en este caso sin abrir la boca, salvo para ofrecerse a probar algo *"a ver si está"*.

También llega temprano. Y apenas se eleva el primer humito ya comienza a acercarse, con sigilo de musaraña.

Ronda en silencio a espaldas del asador, para asegurarse los primeros trocitos de prueba.

Siempre tiene a flor de labios la clásica pregunta de los niños en viaje: *"¿Falta mucho?"*.

Busca un hueco, en caso de que haya aglomeraciones, para cortar una puntita o birlarse un riñoncito medio crudo.

El Hambriento impaciente siempre lleva cuchillo en la cintura, su herramienta infaltable, por si el asador se distrae y logra hacerse de un anticipo.

Come pan, arrancando trocitos de la cáscara, corta una morcilla cruda y la deglute sin masticar. Si le ofrecen un pedacito de chorizo, se quema por atragantarse.

Come, apurado, un chinchulincito que ya pinta, aunque le falten quince minutos para estar crocante y a punto.

Cuando se sienta a la mesa picotea de las fuentes de ensalada y mientras les corta a los chicos va probando cada porción.

Nunca sabremos a qué va un Hambriento impaciente a un asado, ya que por sus características debería sentirse mucho más cómodo en cualquier fast food, donde en 30 segundos te sirven una abominable hamburguesa y ya estás lastrando.

EL PATRIARCA EGOÍSTA

Hay grupos familiares -es sabido- que funcionan a modo de clanes cerrados.

Algo así como la mafia, aunque no necesariamente con negocios sucios de por medio.

Para esta gente, el mundo exterior es una amenaza de la que es necesario defenderse apretando filas (entendiendo por mundo exterior toda persona, bien o pertenencia ajena al núcleo familiar).

No importa el número de integrantes, ya que puede tratarse tanto de una familia tipo (marido, mujer y un par de niños), como de un clan muy numeroso, con primos, cuñados, nietos y choznos.

El elemento distintivo es la conducta que ponen de manifiesto en todas y cada una de las actividades sociales que desarrollan.

De estos núcleos enfermizos sobresale nítidamente un miembro que vela por el bienestar de los suyos: el Patriarca Egoísta. Un ser capaz de ver morir de hambre a un niño sin inmutarse, pero, eso sí, ¡qué no les falte nada a los míos!

Un Patriarca Egoísta inserto en el contexto de un asado es de temer.

Jamás abandona su actitud vigilante y alerta, presto a detectar toda ocasión, por mínima que fuere, de beneficiar a sus amadísimos consanguíneos.

Por lo tanto, con astucia de zorro, procura conseguir lo mejor y acarrearlo para su madriguera, donde será recibido como un auténtico héroe por sus cachorros.

Con el pretexto de ayudar a servir, el muy taimado se acerca al parrillero. Así, tiene oportunidad de interceptar las fuentes que van saliendo, calentitas. Sin empacho alguno elige la mejor y rumbea hacia el seno familiar.

Una vez entre los suyos, con solícita actitud de comadreja que acaba de parir alcanza a sus cachorros las piezas más apetecibles, mientras sonríe beatíficamente y les platica: *"Mirá lo que te trajo papá, Juampi"*, *"El mejor riñoncito para la Mirna"*, *"Tomá este vacío, vieja, te elegí la parte más jugosa, como a vos te gusta"*.

Procederá de este modo con toda la comida y también con el vino, ya que de haber alguna marca destacada será muy difícil arrebatársela.

Cuando hay helado de postre, será el primero en servir copas rebosantes para los suyos, obviamente eligiendo los gustos que más les apetecen. Y si alguno lo mira mal, porque ha detectado el egoísmo de su proceder, el tipo pone cara de carnero degollado y se justifica: *"Si no, cuando te los sirven están todos derretidos, ¿viste?"*.

El tipo es como "El Padrino": con los suyos un rey, con los demás, una verdadera porquería, vea.

EL DELICADO

Aunque no posea títulos que acrediten su condición nobiliaria, el tipo es una suerte de príncipe ruso en el exilio. O una princesa, en caso de ser mujer, pero mucho más delicada que la célebre carnívora.

Una completa batería de remilgos convierte su ingesta en penosa ceremonia plagada de recaudos y cuidados. Todo enderezado a preservar por todos los medios el frágil tesoro de la salud.

El Delicado teme dañar la preciosa maquinaria de su cuerpo ingiriendo sustancias nocivas que pudieran provocarle quién sabe qué tremebundos males.

Por lo tanto, dirige monsergas al parrillero, recomendándole el aseo prolijo de manos y a quienes la-

van la ensalada para que extremen los cuidados en su tarea. Pero, como generalmente no le satisface la forma en que lo hacen, asume la operación por su cuenta y se pasa unos cuarenta y cinco minutos fregando hojita por hojita, hasta estar completamente seguro de que no queda ni una mísera partícula de polvo.

Ya en la mesa, no te come un ápice de grasa: ¡aparta Satán!

Practica verdaderas vivisecciones con las presas, quitando todo vestigio de impurezas, nervios o cartílagos.

Reduce la carne a pequeñísimos trocitos, que ingiere de a uno, ya totalmente fríos, masticándolos 48 veces, tal como leyó, de niño, en una enciclopedia de la salud.

Antes de decidirse a hincar el diente en una pieza, olisquea cual lebrel de caza, tratando de encontrar cualquier efluvio sospechoso que pudiera indicar signos de putrefacción en ciernes.

Aparta la cebolla del resto de la ensalada, come sólo la corteza tostada del pan, dejando la miga.

Rechaza las achuras (por el colesterol, ¿vistes?).

Desaloja a cada rato las sobras del plato, dado que le causan asquete y ni prueba los chorizos, naturalmente, porque tienen picante y además, vaya a saber uno con qué estarán hechos.

El Delicado considera al asado como una riesgosa aventura que podría depararle daños irreversibles a su endeble organismo.

Y el resto de los comensales considera al Delicado como un insoportable pelafustán.

EL SOBREVIVIENTE DE VARIAS GUERRAS

Su frase de cabecera es: *"ustedes no saben comer"*.

Tras pronunciarla, pasa a los hechos y muestra cuál es la forma correcta, cortando un pedazo lleno de grasa y echándolo al coleto.

Ante las miradas atónitas de quienes lo rodean, el hombre se ufana: *"Cómo se nota que nunca pasaron hambre"*. Deja las costillas bien peladas, y las exhibe: *"Así tienen que quedar, ¿ven?"*.

El hombre -o, para ser más exactos, la rata- carece por completo de melindres.

Su conducta parece revelar un pasado de duras hambrunas, como si las distintas guerras libradas en el planeta lo hubieran contado siempre como protagonista.

Para el Sobreviviente, cada asado es como el último. Por lo tanto, no para mientes en embuchar lo que venga y en el estado en que venga, como si acabar con todo fuese una cuestión de honor.

Reparte indicaciones por doquiera. Como un gendarme de la manducación, exige con tono perentorio que se coman hasta el último vestigio de alimento que pueda quedar en los platos y aprovecha para denostar a los que intenten dejar un trozo aprovechable.

Es absolutamente riguroso con sus hijos, a quienes fustiga duramente cada vez que intentan apartar algo que no les apetece. Incluso se permite amonestar severamente a los hijos ajenos, con frases como: *"Le voy a decir a tu viejo que te deje en casa una semana. Vas a ver como te enseño a comer de todo a vos"*.

Finalmente remata su faena con una frase que supone incuestionable y reveladora: *"Yo me senté a la mesa de los pobres y de los ricos"*, arrogándose, por ello, una supuesta autoridad.

Pero más bien parece que se hubiera sentado a la mesa de los chacales y las hienas.

LA QUE HACE RÉGIMEN

"Para mí no compren. Yo llevo un pedacito de pollo sin piel ni sal y lo pongo en la parrilla", declara muy segura de sí la eterna abonada al régimen de turno.

Y ocurre que justo, justo, esa semana, ha comenzado la maravillosa dieta del pepino, consistente en, a saber: un pepino por la mañana, acompañado por un tecito, ensalada de pepinos al mediodía, tarta de pepinos por la noche, con budín de pepinos de postre. Los domingos, eso sí, pepino libre. Salvo una vez cada quince días en que le está permitido un pedacito de pollo a la parrilla sin piel ni sal. Y justo, también, el permitido le coincide con el asado al que ha sido invitada.

De manera que la dama llega al lugar, presita de pollo en ristre.

Ni bien arriva comienza, sin que nadie se lo pregunte, a dar detalles acerca de su maravilloso régimen y del rigor con que lo está siguiendo.

Los presentes, en tanto, hacen gala de una maravillosa hipocresía declarando que se la ve muy delgada y que la famosa dieta está consiguiendo efectos asombrosos.

137

Azuzada por la turba falaz, la gordita cobra bríos y se envalentona, llegando a asegurar que en estos momentos ni puede mirar la carne porque hasta asco le provoca.

Pomposamente coloca entonces la miserable presa de pollo sobre la parrilla y se marcha con ostensible contoneo de prominentes caderas a departir con los presentes, rechazando modosamente cuanto vaso de vino, rodajita de salamín o empanadita le ofrecen.

Resiste uno y otro convite dignamente, casi con altivez. Se pavonea orgullosa cuando alguna amiga le comenta *"¡Ay, yo no sé de dónde sacás tanta voluntad, porque lo que es yo, no resisto!"*. Y así, entre sorbito y sorbito de agua mineral, llega el momento en desde la parrilla resuena el consabido *"¡a la mesa!"*.

La gordita comienza entonces a mirar las primeras achuritas humeantes con ojos extraviados. Con una voz que no brota de su boca si no de su estómago, declara repentinamente: *"Bue, voy a probar un chinchulincito, para que no se me reviente la hiel"*. Y abre así, con este módico gesto, las puertas de la lujuria carnal.

Engulle voluptuosamente las mollejas, los chorizos, el asado. Acomete con denuedo la ensalada de papas con mayonesa. Todo, claro está, bien acompañado de pan y regado con vinillo. Y para rematar la faena, se manda una porción doble de helado.

El pollo, entretanto, queda abandonado, triste como un pepino, en un rincón de la parrilla.

La rechoncha dama se retirará llena de culpas al finalizar la velada, jurando y perjurando que este momento de debilidad jamás volverá a ocurrir.

El juramento durará exactamente hasta el próximo asado.

EL PIOLA

Su accionar en el asado, como en la vida, está basado en la premeditación y el ventajeo.

Pero lo que nos interesa en este caso es su comportamiento en el asado, ya que de la vida se ocuparán pensadores más dotados, en su debido momento.

El Piola tiene todo bajo control.

Por ejemplo, la hora de llegada, ya que el tipo sabe muy bien que el tempranero difícilmente zafe de tener que colaborar con alguna de las tareas preparatorias, trátese de cortar leña, hacer un mandado, salar la carne o lavar la ensalada.

El Piola, en cambio, cae cuando sólo falta poner la carne en la parrilla. Y a veces, cuando ya está humeando.

En caso de que el asado sea a la canasta, ya podemos imaginar su aporte: cuatro hamburguesas y un pedazo de falda o de aguja que ni para el puchero sirve.

Sin embargo, gracias a la picardía que lo adorna, procederá de tal suerte que nadie sepa qué ha traído, mezclando con disimulo lo suyo con lo ajeno.

Después, durante la ingesta, elegirá las mejores costillas, el vacío más apetitoso y los chinchulines más crocantes. Lo que él trajo, que se lo coma la gilada, ¡qué joder! Y encima será el primero en servirse, para poder elegir todavía mejor, siguiendo el antiguo aserto: "el buey lerdo bebe el agua turbia".

Lo mismo hace con el vino.

Su mísera botella de "Choto Viejo", Selección Avinagrada, dormirá el sueño de los justos, mientras él, ni lerdo ni perezoso, descorchará lo mejorcito que encuentre.

El Piola se anota primero que ninguno con el postre y se marcha -pretextando alguna impostergable urgencia- un ratito antes de que alguien pida colaboración para lavar los platos.

Pero antes, no le habrá faltado oportunidad de dejar bien sentado su prestigio de muchacho avispado y con mucho pavimento, verdugueando a medio mundo y dejando bien en claro, por si hiciera falta, por qué a los argentinos nos estiman tanto en todo el orbe.

¡Ay, Patria nuestra!

LA CENSORA

Los hay del sexo masculino, mas por abrumadora mayoría el ejemplar de marras es mujer. Y tanto sus rasgos como su carácter configuran los temibles rasgos de una sisebuta.

Su conducta se asemeja a la de un juez supremo (jueza suprema, en este caso), que dictamina lo que más conviene a cada cual, basándose en criterios supuestamente humanitarios y de incontestable razonabilidad.

O sea que todo lo que sugiere (o más bien, ordena) es por el bien del prójimo, según su particular noción del bien.

Los niños son sus víctimas predilectas, ya que por razones de edad o tamaño no pueden oponerse a sus designios. Pero su aguijón de recomendaciones se hinca también sobre ciertos mayores débiles de carácter.

La Censora se instala siempre en un lugar estratégico que le permita una visión panorámica. Desde esa privilegiada atalaya, con ojo de halcón, monitorea los acontecimientos. Algo así como el VAR del fútbol, igualmente inapelable en sus fallos, pero en este caso enfocado en la ingesta.

A lo largo del asado, sus chillidos repiquetean, taladrando los oídos y la paciencia de los concurrentes:

"¡No, no, al nene no le des chorizo!".

"Es el tercer vaso de vino que le servís al gordo, ya te vi".

"Para mamá sacale toda la grasa, porque no ve bien y se come todo".

"Chinchulines al abuelo no, por el colesterol, ¿viste?".

"¿Eso es para Marita? ¡No, es una barbaridad, servímelo a mí que yo le doy de mi plato!".

Y así se la pasa todo el tiempo, prohibiendo aquí, limitando allá, ensayando mohínes de disgusto y repartiendo reproches a diestra y siniestra.

Tanto que dan ganas de expresarle, con toda dulzura: "Mujer, si puedes tú con Dios hablar, ¿por qué no charlas con él y nos dejas comer el asado en paz?".

EL MISÁNTROPO

Así como quien más, quien menos, cada uno trata de agenciarse un cachito de felicidad en su paso por este valle de lágrimas, el Misántropo considera que su deber es sufrir.

Y no va a ser un asado apetitoso y abundante lo que le haga tambalear esta firme convicción.

Por lo tanto, se las arregla siempre para despertar conmiseración, aunque las condiciones generales sean de prosperidad y jolgorio.

Su controvertida personalidad conforma un extraño cóctel de generosidad, culpa y deseo de provocar lástima.

El Misántropo, por principio, cede las mejores presas a los demás.

Ensayando su mejor cara de carnero degollado, entorna los ojos y declara:

"A mí dejame este pedacito que nadie quiere"... o *"yo me arreglo con esto"*.

Su paladar, forjado en mil voluntarias privaciones, es capaz de conformarse realmente con cualquier cosa.

Este penoso estoicismo gastronómico lo lleva a solicitar y masticar sin queja alguna los pedazos más crudos, grasientos, nervudos o carbonizados que puedan encontrarse.

A diferencia del sobreviviente de la guerra, el misántropo no se jacta de su buen diente y de su paladar blindado, sino que, humildemente, parece pedirnos a todos perdón por estarnos quitando parte de nuestro sustento.

Y cuando al final de la jornada los participantes se disponen a botar un par de chinchulines fríos y gomosos, un riñón carbonizado y un trozo informe y grasiento de algo poco parecido a la carne, el individuo solicita: *"¡Noo, che, no lo vayan a tirar! Dejá, dejá que yo me lo llevo y mañana o pasado lo caliento y me lo como"*.

Una verdadera mierda humana, bah.

EL TRAGÓN

En un asado, la ansiedad es mala consejera.

Se trata de un rito amable y sosegado, ideal para departir con los amigos, gastar las consabidas chanzas, beber larga y pausadamente, compartir, en fin, uno de esos escasos momentos que realmente valen la pena.

Pero el Tragón no ha venido para eso.

Su conducta, propia de un tiburón, consiste en atosigarse de entrada con lo que encuentra a mano, como si el fin del mundo se avecinara en cuestión de minutos y el tipo deseara afrontarlo con el estómago repleto.

En cuanto llega, empieza por embucharse el pan. No puede aguardar los tiempos lógicos y ronda la parrilla mirando fijamente la carne como si su mirada acelerara la cocción.

Entretanto, le da al vino sin pausa.

Se engulle, -si las hay- dos o tres empanadas.

Cuando llegan las achuras, no las deja ni tocar el plato. Pincha un chinchulín que parece tener un volcán erupcionando en su interior y se lo manda al coleto, quemándose hasta el intestino grueso. Lo baja entonces, desesperadamente, con grandes sorbos de la bebida fría que un alma piadosa le arrime.

Vanos resultan los consejos de la gente sensata, recomendándole aguardar las porciones más apetitosas, que -como todo el mundo sabe- son las que más suelen demorar.

El Tragón embucha lo que le pongan adelante, a grandes bocados, escupiendo migas por llenarse demasiado la boca con pan, ensalada y carne a la vez.

El acto de comer, para este personaje, está más cerca de la lucha que del placer. Y como consecuencia  lógica de su desesperación, se llena enseguida, quedando ahíto cuando los demás recién están en los prolegómenos.

Si se llevara un cómputo estricto, se podría comprobar que, al final, come menos que el resto. Pero ahí está el individuo, eructando como un beduino, descompuesto y colorado como bragueta de ladrillero, comentando a quien quiera escucharlo: ***"No sé qué me pasó, se ve que algo me cayó mal"***.

EL TRANQUILO

La contracara perfecta del Tragón.

El Tranquilo es alguien que realmente disfruta, no sólo de la carne, sino también de la velada en general.

Saluda a cada comensal, conversa con todos. Se sirve un vinito que va tomando de a pequeños sorbos.

Parece ignorar que se está preparando un asado.

Si se acerca a la parrilla es sólo para saludar al asador y comentar qué buena pinta tiene el asado.

Pero jamás molesta. Espera pacientemente que estén todos en la mesa y se ubica donde haya quedado un lugar libre.

No pide nada. Espera que le sirvan. Y cuando esto ocurre, come con parsimonia y dedicación, matizando la ingesta con la charla amena.

Eso sí, morfa más que ninguno y cuando los demás se han levantado, él sigue firme, esperando ese vacío o esa tapa bien gordita que cuando llega a la mesa es un manjar.

El resto ya está jugando al truco, pero él todavía está pelando la última costillita, porque, claro, *"era una lástima dejarla ahí"*.

EL VEGETARIANO

Nunca se sabe a qué ha venido ni quién lo trajo.

El biotipo de esta clase de personajes suele ser magro y sumido.

Sus ojos presentan tintes rojizos, provocados por los altos niveles de remolacha en sangre que registra.

Sin embargo, desde el fondo de esos ojillos enfermizos, el Vegetariano suele mirar al resto de la gente con airetes de superioridad. Como si él hubiera alcanzado un estadio superior que lo coloca en armonía cósmica con la naturaleza, en tanto que el resto constituye un hato de predadores sumidos aún en la barbarie y la ruina moral, siniestros asesinos propensos a derramar sangre de inocentes e indefensos animalitos.

Adora dar cátedra y bajar línea acerca de los beneficios de su elección vital.

Le encanta, por consiguiente, recordarnos los niveles de colesterol y ácido úrico que la carne dispara, según lo demuestran concienzudos estudios. *"Las achuras* -recalca- *son veneno puro"*.

Considera a los demás unos primitivos devoradores de cadáveres y -por lo general- se los enrostra.

Consigue, gracias a un hábil discurso digno de predicador evangelista, que los más débiles de carácter comiencen a preocuparse y a echar miradas indecisas al costillar que entretanto se dora, como preguntándose "¿Como o no como?". Enumera las virtudes de apestosos menúes a base de verduras y lecitina de soja. Nos señala las ventajas de un régimen ascético, muy fáciles de comprobar contemplando su triste aspecto.

Si se le pregunta qué hace entonces allí, el tipo responde que ha concurrido para no despreciar una invitación.

Finalmente, cuando todos están incómodos y abochornados, se sienta a la mesa y morfa como lima nueva.

Es que un buen asado, amigos, es muy difícil de resistir.

EL CULPOSO

La frase de cabecera de cierta gente es: *"Pudiendo sufrir, ¿para qué ser felices?"*. Y entonces sufren.

El Culposo se acerca a un desprevenido comensal que contempla la generosa parrilla vasito en mano y sin decir "agua va", le descerraja: *"¿Vos sabés la cantidad de gente que comería en Surinam con toda esta carne?"*.

Sin esperar respuesta, se enfrasca en atribuladas disquisiciones acerca de la cantidad de carne anual que ingiere un habitante de Namibia. Demostrando una amplitud continental, seguidamente pasa a disertar sobre la desnutrición y la mortandad infantil en África toda.

Ante un grupo de comensales que se ha formado en su derredor, lanza una encendida arenga sobre nuestra falta de conciencia social. *"Tiramos más de lo que comemos"*, dictamina con aire doctoral.

Una vez en la mesa, fustiga a los que no pelan bien las costillas, señalándoles que con lo que ellos dejan podría comer una pandilla de niños en Azerbaiján. Va posesionándose en su auto arrogado rol de fiscal y ya todos caen en la volteada. Comienza a usar el plural indiscriminadamente. "Nosotros somos esto o hacemos aquello".

De allí a afirmar que nos quejamos de llenos, hay sólo un corto paso. Y el tipo lo da sin vacilar. Sostiene que no nos alcanza el sueldo porque no sabemos administrarnos, que somos derrochones y que nos vendría bien pasar hambre un tiempo, así aprendemos.

En su sentido discurso jamás faltan alusiones a los pueblos que atravesaron el trance de una guerra, ya que para esta clase de individuos, los pueblos que padecieron contiendas son siempre virtuosos y nos brindan un ejemplo a seguir. Aunque jamás se preguntan por qué esos mismos pueblos no hicieron nada por evitar que tal flagelo tuviera lugar.

Cuando ya todo el mundo está hastiado de reproches y frases sentenciosas, al fin se digna tomarse un respiro y picar algo. Entonces rechaza lo que le traen porque tiene mucha grasa, es puro hueso o está demasiado cocido.

EL TOQUETE O "PINCHA TODO"

Este es un ansioso distinto.

A diferencia del Hambriento impaciente, quisiera pero no se anima a picotear.

Tal vez por ser corto de carácter, o mostrando el residuo de una buena educación adquirida en la infancia,

el tipo canaliza sus bríos a través de la "angustia manual".

El Toquete mira, revolotea y espía. La curiosidad lo devora.

Toma un palito y levanta la punta de la carne para ver si ya se doró de abajo. Mueve los chorizos haciéndolos rodar por la parrilla, al pedo nomás.

Pone nervioso al asador pinchando los riñones y las mollejas, sólo por no estarse quieto.

Levanta un chinchulín para contemplarlo de cerca y mueve las brasas sin motivo aparente.

Mezcla nuevamente las ensaladas que ya están preparadas.

Toca botellas y sifones para cerciorarse de su temperatura.

Aprieta, desde luego, los pancitos a ver si están crocantes.

Fatalmente descubre una silla que no asienta bien.

Hace girar los platos, sacude el salero cerca de la oreja para cerciorarse de que contenga cloruro de sodio y comprueba, más de una vez, que los baldes de cubitos estén llenos.

Si los vasos están boca arriba, los pone boca abajo. Si están boca abajo, los pone boca arriba.

Y cuando alguien, harto ya de tanto toqueteo, le descerraja una merecida puteada, el Toquete pone cara de carnero degollado y se queja lastimeramente:

"¡Ufa che, no seas histérico, ¿a quién molesto yo?".

Entonces una voz estentórea, tal vez la del Creador, desciende de los cielos entre rayos de enceguecedora luz y resuena en el ámbito, replicando con estremecedora potencia: *"¡A todos, hinchapelotas, a todos!".*

CAPÍTULO 8

Dudas, antinomias, tragedias y lugares comunes

MISCELÁNEAS PARRILLERAS

Sobre un asado inciden fenómenos, ora emparentados con el accionar de las fuerzas naturales, ora provocados por el inefable espíritu humano.

Acerca de estas fuerzas (unas ocultas, otras no) nos proponemos discurrir en este capítulo. Aunque más que discurrir, intentaremos, en realidad, reunir un módico catálogo de dichos y sucesos que tienen al asado como epicentro.

Lo notable de tales manifestaciones es su recurrencia.

Tanto los acontecimientos protagonizados por los vanos mortales, como aquellos desencadenados por el libre accionar de las fuerzas naturales, se reiteran como un sino al que el criollo festín no puede escapar.

Son, en definitiva, cuestiones que le dan color al ritual, sin cuyo concurso reunirse a comer un asado no sería lo mismo.

No pretendemos, ni por asomo, agotar en estas breves enumeraciones el vasto caudal de asuntos que un asado motiva. Se trata sólo de ejemplificar, para que usted, lector, agregue lo que nosotros hayamos olvidado.

GLOSARIO DE DUDAS ETERNAS

Durante los prolegómenos y en plena preparación de un asado, espantosos interrogantes nos atraviesan, llenándonos de inquietud.

Veamos algunos:

1) ¿Lloverá o no lloverá?
2) ¿Lo pongo o no lo pongo?
3) ¿No será mucho?
4) ¿Alcanzará?
5) ¿Habrá pan suficiente?
6) ¿Preparo más fuego?
7) ¿Vendrán todos los que prometieron venir?
8) ¿Cuántos chorizos compro?
9) ¿Les gustarán las achuras?
10) ¿Y si llegamos a ser más?
11) ¿Lo doy vuelta o le faltará un poco?
12) ¿Nos quedaremos cortos con el vino?
13) ¿Qué proporción de tinto y blanco compro?
14) ¿Lo sirvo ya o lo dejo un poco más?
15) ¿Será buena la carne?

Si estos cruciales interrogantes asaltan y hacen dudar al asador más ducho y avezado, figúrese usted los que aguijonean a los mentecatos faltos de carácter.

Agregue usted sus propias preguntas y quédese, si le sirve, con este consuelo: no es el único que se las ha formulado alguna vez.

GRANDES ANTINOMIAS PARRILLERAS

Los naturales de estas comarcas solemos incurrir en juicios categóricos que motivan discusiones enfervorizadas.

Las ponencias, desde luego, jamás se modifican, pero ello no obsta para que las vehementes partes se entreguen al duelo dialéctico como si la cuestión en debate pudiera modificar el curso de la historia humana.

Algunas de las antinomias más comunes, son:

1) Carbón vs. leña.
2) Fuego lento vs. fuego vivo.
3) Salar antes vs. salar durante.
4) Parrilla en "V" vs. fierritos redondos.
5) Tapar o no tapar el asado.
6) Dar vuelta a último momento o girar a cada rato.
7) Pinchar o no pinchar los chorizos.
8) Pincharlos antes o cuando hierve la grasa.
9) Mojarlos o no mojarlos.
10) Parrilla fija vs. parrilla con malacate.
11) Tablita vs. plato.
12) Cuchillo serruchito o con filo tradicional.
13) Vino con o sin cubitos.
14) Con chimichurri o sólo con sal.
15) Tira fina o trozo grande, marcado.

TRAGEDIAS ESPANTOSAS

En ocasiones, el destino rigorea impiadosamente a los que se disponen a comer un asado.

La fatalidad suele ensañarse con los inermes mortales, ya sea arruinándoles la ingesta o bien provocándoles serias dificultades que empañan la velada.

Y es en estos casos cuando se ve a los hombres y mujeres de temple, capaces de afrontar la espantosa jugarreta de la suerte con enjundia y coraje.

Algunas de las tragedias más comunes son las que a continuación se enumeran.

Aunque seguramente, como buen argentino, a usted le pasó algo peor, porque en esto de matar el punto con la desgracia propia, somos como mandados a hacer. Por lo pronto, veamos las nuestras:

1) Se corta la cadena y todo lo que está sobre la parrilla se derrumba sobre las brasas.

2) Se larga a llover en mitad de la preparación.

3) Al servir la primera tanda, la esperada con mayor ansia, se cae una bandeja repleta al piso. (Y el piso, claro está, es de tierra).

4) Perros ladinos y siniestros se afanan la carne.

5) Se olvidan de comprar pan. Y cuando salimos desesperados a buscarlo, todas las panaderías en 10 leguas a la redonda están cerradas.

6) La carne resulta dura como suela.

7) Llega mucha más gente de la esperada.

8) Viene la mitad de la gente esperada.

9) Ráfagas de viento arremolinado atacan la parrilla y enmugrientan todo.

10) Nos quedamos cortos con el carbón o la leña y hay que terminarlo al horno.

11) Llegamos al lugar del asado y los que invitaron han cambiado de idea: nos esperan con fideos los muy canallas.

LUGARES COMUNES

Creados por la costumbre y repetidos por la gente, hay asertos que en el contexto de un asado resultan indiscutibles, ya que portan el peso de una verdad revelada.

Nunca existe la unanimidad total al respecto, porque se sabe que nunca falta el contreras capaz de poner en dudas hasta la ley de gravedad, pero para el común de la gente, las cosas son así:

1) Al asador, el humo y el olor de la carne le quitan el hambre.

2) El que reparte, se queda con la mejor parte.

3) La carne pegada al hueso es la más sabrosa.

4) El asador se llena probando.

5) El sol apaga el fuego.

6) A un asado conviene caer media hora antes de que esté listo.

7) Nunca se debe apagar el fuego al terminar el asado.

8) La carne de vaca vieja tiene más grasa pero es más sabrosa.

9) El mejor postre para el asado es un partido de truco.

10) Para las mujeres y los chicos siempre hay que poner un poco de pollo.

11) El vino frío solidifica la grasa.

12) La regla de oro: para que un asado sea un éxito es menester que sobre carne y fuego.

CAPÍTULO 9

La mujer

LA ABDICACIÓN DE LA REINA

Dueña y señora de la cocina, santuario intocado e indiscutible, ante la parrilla la mujer se transforma en mera ejecutante de tareas menores y receptora de órdenes perentorias.

Siglos de dominación machista reverdecen en un periquete cada vez que un representante del sexo fuerte enciende un fueguito.

Las conquistas que batallones de feministas han acumulado a lo largo del último siglo, se derrumban estrepitosamente ante este bastión intocado de la masculinidad, tal vez uno de los últimos que se conservan casi sin mácula.

En su minúsculo ámbito, el macho recupera simbólicamente su rol histórico como jefe de la horda.

Y esto ocurre porque el asado, como variante alimenticia, es lo que más cerca permanece de la ingesta primitiva, cuando los hirsutos y gruñientes homínidos salían en procura de una presa para alimentar a la tribu y el macho imponía su condición de líder a garrotazo limpio.

En el asado moderno, todo parece indicar que se recupera efímeramente este antiguo orden jerárquico, a partir de un reparto de roles que en la práctica nadie discute ni cuestiona.

De todos modos, en el afán de no sentirse tan menoscabadas en su protagonismo, las mujeres procuran una participación más activa obligando al asador (especialmente si es su marido) a aceptar el ingreso a la parrilla de elementos espúreos y vergonzantes.

Se trata generalmente de especies vegetales que, según ellas, van a resultar exquisitas, pero que en realidad no hacen más que entorpecer sobremanera el desempeño del asador.

Este se ve obligado a realizar extraños y engorrosos malabares para dar vuelta la carne sin que otros corpúsculos invasores vayan a parar al fuego.

No creemos (y esto es una intuición personal) que el agregado de verduras sobre la parrilla responda a un genuino deseo gastronómico, sino más bien a un mero capricho. Una manera, algo ingenua por cierto, de decir "aquí estamos nosotras".

En la obediencia del macho a estos antojos confluyen dos tendencias de distinto signo: por un lado, cierta magnanimidad que invade al varón en la ceremonia del asado, que lo lleva a tratar de halagar y complacer a la concurrencia; por el otro, un innegable temor ante la tozudez femenina, que podría suscitar duraderos enconos en el caso de ser contradicha.

El mencionado caso del músico entrerriano David Cardozo y su tendencia a asar verduras es una clara muestra de pérdida en la identidad masculina, que a las puertas de un nuevo milenio coloca al varón en un plano de peligrosa ambigüedad.

El caso es que, con protagonismo o sin él, las mujeres se hacen notar. Y cumplen un rol perfectamente diferenciado en este terreno.

Sin embargo, todo lo antedicho corre el riesgo de convertirse en una mera cháchara insustancial, anacrónica y falsa. La mujer, a caballo del feminismo, verdadera "Yegua de Troya", está irrumpiendo y tomando protagonismo activo en áreas que otrora eran exclusivo feudo del hombre. El boxeo, la conducción de camiones y hasta la albañilería, son rubros que, hoy por hoy, ya cuentan a las féminas como protagonistas. Por lo tanto, no sería de extrañar que, también en el mismísimo bastión de la masculinidad, que es el asado, ellas ocupen espacios, reclamen cupos legales y terminen copando la parada. Nuestros machazos ancestros asadores ya se están revolviendo en sus tumbas.

LO QUE LAS MUJERES PONEN EN LA PARRILLA

Siempre se puede esperar alguna rareza más, pero en general, las féminas colocan morrones, berenjenas, pan, empanadas, papas, batatas (las dos últimas directamente en las brasas), tomates, ajíes verdes y cebollas.

Si se quedaran a cuidar este variopinto arsenal verde, vaya y pase. Pero lo cierto es que después de hacer su espontáneo aporte, ellas se marchan, dejando todo en manos del crispado asador.

En el bien murado bastión de la cocina, el hembraje se amontona, supuestamente con el propósito de preparar las ensaladas, reunir los enseres para la mesa y disponer los preparativos menores y rutinarios.

Pero nada de esto se hace a tiempo.

Enfrascadas en interminables charlas baladíes, se cuentan historias que ninguna escucha, mientras el tiempo transcurre, inexorable.

Los progresos de la nena en el colegio, los pequeños sucesos domésticos, los defectos del marido, tratamientos de belleza y dietas en boga forman parte de la agenda de temas más abordados.

En medio de este clima de peluquería, las damas pierden toda noción culinaria. Condimentan las ensaladas al principio, logrando que estén marchitas a la hora de comer, se olvidan de poner la sal, introducen el vino tinto en la heladera, distribuyen cubiertos de menos y olvidan llevar las sillas.

De poco valdrán los desesperados avisos del asador: *"¡El asado ya está!"*,

"¡A comer!", *"¡Apurensén que se me pasa!"*. Ellas seguirán cotorreando impertérritas, sin importarles un joraca el punto justo del preciado alimento.

Eso sí, en el momento de la ingesta, protestarán airadamente si los riñoncitos están demasiado tostados, exigirán porciones de asado bien jugosas y se negarán a comer ese vacío que *"parece suela"*.

Al final de la jornada no faltarán las propuestas de organizar para la próxima un menú frío, porque ellas **están cansadas de trabajar tanto en los asados.**

CAPÍTULO 10

Anecdotario

LO QUE EL HUMO SE LLEVÓ

En la vida hay asados que nunca pueden olvidarse.

Póngale la voz de Tito Rodriguez y ahí tiene un bolero.

Su letra está salpicada de desengaños y frustraciones, como bien corresponde al género, ya que un asado que fracasa es como un amor contrariado que nos deja - nunca tan certera la expresión- un regusto amargo.

Narraremos aquí un puñado de episodios verídicos que nos fueron confiados por sus propios protagonistas.

Como para que usted se consuele pensando que no es el único desdichado al que le pasan estas cosas.

FORTÍN Y LA TIRA QUE NO FUE

El talentoso plumín platense, Raúl Fortín, a cuya destreza se deben las ilustraciones que engalanan esta obra y buena parte de la trama que la engendró, es un entusiasta cultor de la criolla costumbre del asado.

En Julio del 92, fecha que ha quedado grabada en su memoria de manera indeleble, el artista fue invitado a una peña en la localidad de Azul, donde no faltaría la música telúrica ni el riguroso asadacho de camaradería.

Fortín es, para quienes no lo conocen, hombre de buen diente. Así fue que concurrió a la velada acompañado por un primo político llamado Rubén y por un hambre sin nombre, tan seguidor como un perro faldero.

Cuenta Fortín que el sitio le resultó de entrada cálido y acogedor, máxime al arrimarse a la parrilla y constatar la presencia de piezas muy bien seleccionadas, entre las que sobresalía un ancho y tentador costillar, que el dibujante describe como *"de costillas anchas, parejas, doradas y crocantes como una galletita"*.

Más temprano que tarde se sentaron a la mesa y largaron con el chorizo y la morcilla. Fortín no les hizo asco, aunque se propuso, desde un primer momento, reservarse para el deleite de aquellas rotundas costillas, soñando con hincarles el diente y después pelarlas con la mano, sintiendo el crujido de la pielcita dorada al desprenderse del hueso.

Pasaron las achuras y llegó la carne, cortada en delicados trocitos, muy a punto como todo lo demás. Fortín apenas si picó algo que parecía tapa y decidió no seguir adelante para hacer lugar a las anheladas costillas.

Al rato, otra fuente con carne, pero de las costillitas, ni señales. Le ofrecieron y Fortín declinó el convite. Los anfitriones insistieron y Fortín nada, firme como un pequeño vigía Lombardo, cogoteando hacia la parrilla de tanto en tanto, para ver si veía aparecer, por fin, el manjar soñado.

Pasó un buen rato y de improviso al curtido gráfico el corazón le dio un vuelco, al percibir que a la mesa se aproximaba un sonriente mocetón, trayendo una bandeja con el postre.

Desesperado, aunque tratando de disimular su turbación y de cuidar las formas, codeó a su primo Rubén: *"¡Che, traen el postre!.. .¿y las costillas?"*. A lo que el otro le responde con tono cachaciento: *"¿Qué costillas... ya las trajeron boludo, ¿no las probaste?"*. *"¿Cómo que las trajeron?, ¡no puede ser, si era carne sin hueso!"*. Una risita rubricó la lapidaria respuesta del primo: *"Es que las deshuesan adentro, antes de traerlas"*.

Mesándose los cabellos en su desesperación, Fortín alcanzó a preguntar con un hilo de voz: *"¿Y para qué, me podés decir para qué?"*. Y el primo: *"Es la costumbre de aquí, para comer más cómodos. Además, es mucho más prolijo, no se llena la mesa de sobras, ¿viste?"*.

Desde entonces, en sus ilustraciones, Fortín omite deliberadamente el color azul.

LA DESDICHADA DUCHA DE CARDOZO

El controvertido asador y guitarrista David Cardozo es, como se ha dicho, oriundo de Entre Ríos. Andarín infatigable, fatigó los caminos de la patria, hasta terminar sumándose al aluvión inmigratorio que abulta Buenos Aires.

Pero en una etapa previa, años ha, el hombre supo regresar por un tiempo a sus pagos, llevado por quién sabe qué vientos y por cierto corretaje de disyuntores eléctricos.

En eso andaba cuando un buen día le cae de sopetón una familia completa de rosarinos a quienes había conocido durante una estadía previa en la "Capital de los Cereales".

Como, por lo visto, se trataba de gente educada, los tipos no llegaron con las manos vacías. Encandilados por la fama de buen asador que Cardozo había comprado, sobornando charlatanes que propagaban falsas hazañas parrilleras, el grupo familiar portaba carne. Y no una carne cualquiera, sino el mejor asado que se podía conseguir por aquellos días en la zona. Se habían asesorado bien y allí estaban, con un costillar completo, de primera calidad, para que el dueño de casa lo preparase.

¡Un costillar entero! Su sola mención nos hace agua la boca.

El dueño de casa, ni lerdo ni perezoso (aunque aclaremos en honor a la verdad que Cardozo es bastante lerdo y perezoso, en realidad) preparó fuego en grandes cantidades y se fue a duchar, avisando a las visitas: *"dejen todo ahí, no se preocupen, que yo en diez minutos vengo y pongo la carne"*.

Pero los visitantes, de puro comedidos, se tomaron el trabajo de salar mientras Cardozo entonaba alegres cancioncillas de moda en la bañera.

Cuando fresco y lustroso regresa el dueño de casa al teatro de los acontecimientos, los visitantes le avisan que la carne ya está lista para ser colocada en la parrilla.

Cardozo es de asar lenteja, por lo que transcurrieron un par de horas largas hasta el momento culminante. El hambre iba ganando a la concurrencia, acicateado por la contemplación de aquel costillar fabuloso.

Cuando, al fin, el asado llegó a la mesa, ocurrió lo inesperado: estaba incomible.

La carne parecía melaza, estaba totalmente dulce, como si en lugar de sal hubieran usado azúcar. Que era, exactamente, lo que habían utilizado los muy chambones para "salar".

Hubo que tirarlo. Ni los perros se animaron a comerlo.

A partir de ese momento, Cardozo adquirió dos sanas costumbres: jamás permitió que salara otro. Y nunca más se bañó en mitad de un asado.

TARDE DE PERROS

¿Cómo definir a los muchachos de "La Biblio" de Venado?

Cualquier descripción resultará fatalmente parcial y escasamente sustantiva.

Tal vez se podría afirmar sin errarle por mucho que son de esos tipos que cualquiera quisiera tener como amigos, pero jamás como yernos.

Lo que nos atañe en este caso es que en función de una de sus habituales quijotadas, la barra se encontraba de visita en la Provincia de San Luis, con motivo de una charla acerca de la Facultad Libre de Venado Tuerto. Un emprendimiento que, por cierto, podría dar lugar a más de un libro.

Allí estaban entonces el Pablo, el Coli, el Tano, el Fito y Fernando, prodigándose en anécdotas, charlando de filosofía y granjeándose amistades.

Quedaron bien con todo el mundo, como relata el Fer. Se hicieron querer. Y se quedaron sin plata para el regreso, como siempre ocurre.

Para colmo, la unidad móvil en que se desplazaban era una Estanciera que chupaba más nafta de lo que ellos vino, lo que no es poco decir.

La noche previa a la partida comieron frugalmente. Y ya en la mañana siguiente se dieron a la tarea de recabar fondos para el viaje, mangando descaradamente al Decano de la Facultad de Ciencias Sociales, de apelativo "Chango", como la mitad de los naturales de aquellas comarcas. El Chango intentó una débil resistencia: *"No tengo, muchachos"*. Pero el argumento de los venadenses fue contundente: *"Si no nos das, nos tenemos que quedar acá"*.

Santo remedio. Como por arte de birlibirloque, la guita apareció. Y así emprendieron el largo viaje de vuelta a casa, no sin antes llenar el tanque y -juntando lo poco que quedaba- adquirir un buen trozo de vacío, una faldita, una tirita de asado, algo de pan, carbón y una botellita de vino. Lo de "botellita" corre por cuenta de ellos, aunque quien los conoce bien puede sospechar que se trataba de una damajuana.

Subieron a la Estanciera y a traquetear los caminos.

Anduvieron hasta que el estómago dijo basta. Y se detuvieron en Río IV, debajo de un puente a encender el fueguito e improvisar una parrilla.

El sitio -siempre a estar del relato de Fernando- era desértico. Ni un alma, ni una casa.

Mientras hablaban al pedo (arte que esta gente cultiva con suma destreza), uno de ellos mechaba prolijamente el vacío con ajo. El Coli fumaba.

En eso, pasan unos perros flacos, como siempre van los perros, con esa determinación inútil que parece conducirlos a alguna parte.

El Fer -agudo observador de la realidad- dio rienda suelta a su espíritu de filósofo, preguntando o preguntándose: **"¿De qué vivirán estos perros?"**.

Y ya con esto podríamos cerrar este relato porque hasta el más caído del catre puede imaginar cómo termina.

No obstante, seguiremos hasta el fin, ya que nunca falta un paspado carente por completo de imaginación.

Nadie respondió a la pregunta. Y el asado estuvo listo.

Acometieron la faldita, porque al vacío le faltaba un poco. Y el Coli -astuto como un zorro del desierto- declaró: *"No, yo espero el vacío"*.

Liquidaron la falda y de repente, un trote sordo se dejó oír en el agreste paraje.

Eran los perros, claro, dirigiéndose en cerrada formación y con la precisión de un misil hacia la parrilla.

Antes de que los venadenses pudieran parpadear, uno de los escuálidos lebreles lanzó el tarascón y se alzó con el vacío entero, ante la mirada azorada de los conferencistas.

El Coli, que no había probado bocado, reaccionó un poco tarde. Pero aún así, con una puntería afinada por la desesperación, le asestó un piedrazo en el lomo al sufri-

do animal. Pero, para que soltara su preciado botín, hubiera sido necesario dispararle con una bazooka: el cánido apretó los dientes y se perdió entre los pastizales.

Y allí quedaron los muchachos, sin poder salir de su asombro, hasta que, transcurrido un buen rato, el perro vuelve a dejarse ver.

Entonces el Coli, con la voz quebrada por la amargura, le descerraja: *"¿Y ahora qué querés, hijo de puta, un Parisiennes?"*.

EL DETALLE QUE FALTABA

Rogelio tiene una esposa y dos hijos mellizos que andan por los dos añitos. Y vive en un departamento en el centro de Buenos Aires.

Por lo tanto, los fines de semana necesita huir, buscar aire libre, poner distancia y disfrutar del solcito.

Entonces ese domingo de Noviembre decide organizar un asado en el Parque Pereyra Iraola de La Plata.

Los preparativos, habiendo un niño de por medio, son arduos. Y si los niños son dos, ni le cuento.

Entonces Rogelio hace las compras y organiza todo meticulosamente, por lo que a la hora de partir, más que un asadito parece que se dispusieran a afrontar dos meses de campamento en las montañas.

Comienza el lento y trabajoso acarreo de bártulos hasta el auto. Parrilla, heladerita, platos y cubiertos, bolsa de carbón, termo, mate, yerba, azúcar, cajón de manzanas para prender el fuego, botellas, pan. Y la consabida provisión de vegetales para los nenes: zapallos, papas y batatas como para hacerles un purecito.

Tras los fatigosos preparativos, al fin el contingente familiar parte. Y más de una hora después, se encuentran eligiendo un lugar paradisíaco en el Parque Pereyra, con mucha sombra y pastito a granel para que las criaturas chivateen.

Comienza entonces el engorroso desembarco de enseres. Y lo primero, desde luego, es el carbón y la parrilla, porque se ha hecho tarde y el hambre cunde.

Mientras se hace el carbón, en el mismo fuego se calienta la pava para el mate.

Hasta que al fin, los carboncitos están blancos, listos para recibir la carne que está todavía guardada en el baúl del auto.

Rogelio abre y encuentra una rueda de auxilio, balizas, algunas herramientas, un par de bolsos, unos chiches, un par de diarios viejos, boludeces varias, pero de la carne, ni rastros.

Entonces, con el rostro desencajado, encara a su mujer: *"Pero, ¿me querés decir dónde pusiste la carne?"*. Recibiendo la respuesta femenina de molde: *"Yo me ocupé de los chicos, a la carne ni la toqué"*.

Estupor, desazón, frustración, desencanto. Toda la gama de sentimientos negativos se corporiza instantáneamente.

Terminaron comiendo un riquísimo purecito de calabaza, papa y batata. Eso sí, con mucho pan.

CON LEÑA ES OTRA COSA

Fortín asa desde hace años. Porque si hay algo que al artista no le falta son años.

Sin embargo, el enjundioso plumín tardó bastante en descubrir las delicias del fuego hecho con leña.

Amigos avezados en la práctica ponderaban las virtudes de esa natural fuente calórica. *"¡No hay como el asado hecho con leña!"*, pontificaban. *"¡Es otro gusto, nada que ver!"*, insistían con aire doctoral.

Tanto insistieron que terminaron poniendo al dibujante en una encrucijada: si no accedía a la Maravillosa experiencia de la leña su vida carecería por completo de sentido. Sería por siempre un inútil, atrapado por la confortable modorra de la practicidad.

Pero, a pesar de todo, no se animaba a romper el círculo de sus atávicas costumbres.

Hasta que por fin, un buen día, habiendo invitado a unas parejas amigas, se preguntó: "Pero al fin, ¿qué soy yo, un hombre o un gusano?". Y aún sin arribar a una conclusión definitiva, decidió intentarlo.

Compró entonces quebracho, cortado en trozos grandes. Acomodó todo en las inmediaciones de la parrilla y esperó el momento.

Solo que, ignorante de los tiempos que la leña impone hasta convertirse en brasa, empezó con el fueguito a la hora en que habitualmente encendía el carbón.

El quebracho, claro, se resistía a convertirse en masa ígnea.

Fortín, nervioso, consultaba el reloj y veía que la hora en que llegarían las visitas se aproximaba velozmente. ¿El fuego?, bien, gracias. Llegaron los invitados y encontraron al anfitrión apantallando como un poseso, mientras de la pira de madera se elevaba un miserable humito que estaba lejos de convertirse en llama. Bastaba que cesara su frenético apantallar para que todo se apagara.

Preguntándose cómo carajo se incendian los bosques dos por tres, Fortín transpiraba. Las visitas, entretanto, comenzaban a impacientarse, dando muestras de inquietud y comenzando a aportar esas sugerencias que sólo sirven para poner nervioso al asador.

Entonces, el atribulado artista llegó a la conclusión de que los trozos de leña eran demasiado grandes. Por lo tanto, empuñó un hacha y trabajosamente comenzó a reducir los troncos hasta convertirlos en delgados palillos del espesor de un lápiz.

Pero del fuego, ni noticias. Tal vez la leña estuviese algo húmeda, pero lo cierto es que no había caso y ya se había hecho tardísimo, incluso para cambiar el asado por una práctica pizza.

Así es que, transgrediendo sus sagrados principios, tomó un tacho de kerosene y roció bien la pira.

Brotaron las llamas y el anfitrión colocó la carne bien cerquita del fuego, como para que al menos se fuera calentando.

Cuando algunas brasitas estuvieron listas, las distribuyó como pudo bajo la parrilla, colocó el artefacto lo más cerca posible de la pobre fuente calórica y comenzó a rezar.

A la una de la mañana, (el asado estaba previsto en horario nocturno), algunos trozos ya daban muestras de estar comibles.

Llamó a la mesa y sirvió: quemado por fuera y crudo por dentro. Un verdadero espanto.

Los amigos, piadosos, declararon lo de siempre en estos casos: que estaba riquísimo. Pero Fortín sabía, también como siempre en estos casos, que mentían por piedad.

LA SOMBRA DE LA INCENTIVACIÓN

Algunos ingenuos suponen que sólo en el fútbol profesional se recurre a procedimientos non sanctos para acicatear a un deportista en su rendimiento.

Pero lo cierto es que en todas partes se cuecen habas. Y se asan chanchos.

Como es el caso -real, por cierto- que le tocó vivir al inefable Boby Moore, a la sazón preparador físico de un equipo que militaba en la divisional "B" de la Liga Venadense de Fútbol.

Aclaremos previamente que cuando en aquellos pagos alguien habla de "conseguir" un lechón, un chivo o cualquier otra bestia comestible, jamás se refiere a pagar por él. "Conseguir" supone el ejercicio de artes sutiles como la oratoria o el tráfico de influencias, para lograr que algún empresario adinerado o chacarero generoso ceda el animal a cambio de favores pasados o futuros.

El caso es que en cierta ocasión, el team liderado por nuestro filósofo y entrenador amigo se hallaba navegando por la mitad de la tabla, sin aspiración alguna de campeonar.

El fixture marcaba un inminente enfrentamiento del modesto equipo con el que por entonces encabezaba la tabla de posiciones.

En vísperas del cotejo, un par de muchachones se apersonaron en el domicilio del espigado preparador físico, identificándose como seguidores de un club que estaba disputando la punta con el que los players de Moore debían enfrentar.

Los visitantes fueron directamente al grano. Tras expresar lo útil y grato que sería para ellos que el modesto equipo derrotara al puntero, propusieron compartir un gran asadacho para festejar tal auspiciosa circunstancia.

Ellos estaban en condiciones -según puntualizaron- de "conseguir" un par de tiernos, regordetes y apetecibles lechones para la ocasión.

La sola mención del suculento trofeo, fue un acicate inmejorable.

Los atletas de Moore salieron dispuestos a comerse la cancha. Y luego el chancho, por cierto.

Pusieron garra, corazón y pases cortos. Desplegaron toda su sapiencia táctica y regaron generosamente de sudor el field. Pelearon cada balón como si fuera el último y finalmente, como premio a tanto mérito, se alzaron con la victoria.

Los lechones fueron "conseguidos" y devorados.

Y así se consumó un nuevo episodio que si bien empaña la credibilidad del fútbol, también demuestra que cuando un grupo humano se propone con firmeza un objetivo, generalmente lo "consigue".

EPÍLOGO Y AGRADECIMIENTOS

Si al terminar de leer este libro usted no siente el irrefrenable impulso de encender un fueguito y preparar un asado, hay dos posibilidades: la primera, que nuestro intento haya resultado fallido, por torpeza, impericia o falta de gracejo. La segunda, que usted sea un vegetariano, un vegano o alguna de las variantes entre quienes desdeñan la carne como alimento.

De darse la primera hipótesis, no nos queda otra que pedirle disculpas. De darse la segunda, ¿qué carajo hacía leyendo este ejemplar?

A pesar de la enjundia que hemos puesto en describir y dibujar las diversas situaciones que se dan en torno al más representativo de los manjares nacionales, uno siente que se ha quedado corto.

Y seguramente es así, porque en los asados pasa de todo y nadie puede abarcarlo todo, por mucho que se esfuerce.

Sin ánimo de vender humo, no queremos despedirnos sin antes agradecer a quienes hacen posible el pagano rito que nos congrega y alimenta.

Los buenos carniceros, que recomiendan bien y cobran lo justo.

Los mayores, que en nuestros años juveniles nos enseñaron a encender los primeros fuegos y nos alentaron en la tarea.

Los amigos y familiares que nos han deparado algunos de los mejores momentos de la vida, comprartiendo con nosotros asados inolvidables.

Y finalmente, la pobre vaca, involuntaria protagonista de esta obra.

Nobleza obliga.

LOS AUTORES

JUAN CARLOS MUÑIZ

Si hay un rasgo que distingue a Muñiz, es su desorientación vocacional. Decidido a destacarse en la vida, probó suerte en diversas disciplinas cual empecinado tábano, sin advertir que la historia no registra ningún tábano exitoso.

Nació en Venado Tuerto, vivió en Rosario y se radicó en Buenos Aires. Cursó estudios de abogacía, fue empleado bancario, creativo publicitario, compositor de canciones, guionista, escritor y carpintero, entre otras actividades.

En la revista *Humor* fue Prosecretario de Redacción, columnista en *Sex Humor*, escribió guiones para ciclos de TV como *Tato Diet* y *Juana y sus Hermanas* y trabajó en varias agencias publicitarias, sin contar otras ocupaciones transitorias.

Es coautor de la idea original y la investigación periodística del film *Tango Feroz*, escribió con Miguel Gruscoin el espectáculo teatral *La Divina Tragedia* y compuso con Fernando De Giovanni *Sabés, Che*, tema ganador del Concurso nacional de Canciones en homenaje a Ernesto Guevara.

Grabó cinco discos con temas de su autoría: *Claroscuros, Soñar no cuesta nada, Señas particulares, El vicio de hacer canciones* y *Recetas contra el olvido*.

Escribió los libros humorísticos *Una invasión llamada turismo* y *¡Peligro!, señoras y señores al volante*. Fue editor y redactor de *Sex Humor*, coeditor y redactor del libro *La Revista Humor y la Dictadura*, y editor de varios libros para Ediciones de Aquí a la Vuelta.

Con Raúl Fortín compartió la autoría de *El picado, una pasión argentina* y de la presente obra.

Su desorientación vocacional continúa.

RAÚL FORTÍN

Con ímpetu juvenil Fortín encendió sus primeros fueguitos allá por 1967 en Editorial Estrada. Y un año después se quedó con la mejor porción en la Feria Internacional del Libro de París: el Primer Premio para ilustradores de libros infantiles.

Desde 1973 asó algunas salchichas para los parvulitos de la revista *Billiken*. Se animó a la parrillada completa en la revista *Humor*, desde 1978.

Las tapas más jugosas las hizo a pedido de *Superhumor* y *El Péndulo*. En 1982 sacó bien a punto *Humi*, revista infantil de Ediciones de la Urraca.

Obtuvo aplausos para el asador en 1993, al ser nominado al Premio Internacional Hans Christian Andersen.

De tanto en tanto, adorna la parrilla con sabrosas achuras: *La gran payada* y *Sexo salvaje*, con Santiago Varela; *El picado*, junto a Juan Carlos Muñiz y *Creanselón*, con Aquiles Fabregat.

El fósforo que inició toda esta obra se encendió en el año 1939 (La Plata) y el último rescoldo se apagó en Magdalena, en el 2000.

INDICE

CAPÍTULO 5: El asado y su circunstancia

CAPÍTULO 6: Algo sobre el estilo

CAPÍTULO 7: Los comensales

Printed in Great Britain
by Amazon

26831625R00111